U0127979

# 贛文化通典

——書畫卷　中冊

目錄

## ▍上篇▍　江西書法

# ▋ 下 篇 ▋ 　江西繪畫

# 元代、明代江西書法

元代江西儒學、道教興盛，書法家主要有儒士、道士兩類。儒士書法家多是飽學之士，其中不少人曾在翰林院任職；道士書法家集中在貴溪龍虎山。盛熙明《法書考》是元代一部出色的書論彙編，饒介是元代江西成就最高的書法家。

## 第一節 ▶ 元代眾多的書法家

**熊朋來**（1246-1323），字與可，號彭蠡釣徒。富州（今江西豐城）人。南宋咸淳十年（1274）進士，任從仕郎。入元後，為福建郡教授、福清州判官。學識淵博、精通音律，著有《天慵文集》《五經說》《瑟譜》等。虞集《道園學古錄》卷三十一《六書存古辨誤韻譜序》云：「往者鶴山魏公嘗以篆法寓諸隸體，最為近古，近時豫章熊先生亦用之。」書論傳世者有《論六書》《鐘鼎篆韻序》等。事見《元史》卷一百九十。

**程鉅夫**（1249-1318），原名文海，因避元武宗廟諱，改以字代名，號雪樓，又號遠齋。祖籍郢州京山（今屬湖北），後徙居建昌（今江西南城）。與吳澄同學。宋亡後入大都（今北京），

留宿衛。元世祖試以筆札，改授應奉翰林文字，集賢直學士。鉅夫奏請世祖興國學、搜訪遺賢。奉詔到江南求賢，薦趙孟頫等二十餘人，皆擢用。曾主修成宗、武宗實錄。仁宗皇慶初年，累官翰林學士承旨致仕，特授光祿大夫。卒諡文憲。鉅夫宏才博學，忠亮耿直，歷仕四朝，號為名臣。文章雍容大雅，詩磊落俊偉，有《雪樓集》三十卷。書法應規入矩，端莊純正，表現出深厚的學養。傳世書跡有《可人帖》。《元史》卷一七二有傳。

**程大本（生卒年不詳）**，程鉅夫之子，元建昌（今江西南城）人。《御定佩文齋書畫譜》卷三十八引劉璋《書畫史》云：大本「仕至奉直大夫，秘書監。嘗與馮道恭書《度人經》，其父跋之」。

**吳澄（1249-1333）**，字幼清，晚年改字伯清，學者稱草廬先生。撫州崇仁（今屬江西）人。宋末舉進士不第，元初應召入京，歷任江西儒學副提舉、國子監司業、翰林直學士等職。泰定初，總修《英宗實錄》。書成之後，即辭官歸山講學，著書立說，從學者千餘人。著有《易纂言》《詩纂言》《書纂言》《春秋纂言》《三禮考注》等，在元代理學中具有崇高地位，與許衡並稱「南吳北許」。有《草廬吳文正公全集》傳世。事見《元史》卷一百七十一。明陶宗儀《書史會要》稱吳澄深究六書之義，直用篆法而結體加方，以成一家之法云。著有書論《論篆隸》。

**范元鎮（1258-1321）**，字元亨，其先蜀（四川），後徙居安福（今屬江西）人。《御定佩文齋書畫譜》卷三十七引元蘇天爵《元文類》云：元貞初年，詔求能書金經者，元鎮在選中。經成，補湖南掾，累遷郴州桂陽尹。（已核）（江西歷史人物辭典

記載有誤）（文補寫）

**夏日孜（生卒年不詳）**，字仲善，吉安人。登進士第，官會稽縣尹。楷學顏魯公。見陶宗儀《書史會要》。

**孫履常（生卒年不詳）**，臨川人。虞集《道園學古錄》卷三十八《環翠亭記》云：「臨川城中李氏居宅之後有竹千百竿，作亭其中，名之曰環翠，其鄉先生孫君履常氏書程伯子所賦《環翠亭詩》於其上。」

**吳正道（生卒年不詳）**，鄱陽（今屬江西）人。陶宗儀《書史會要》卷七云：「（吳正道）世為儒家，深好篆法，著《六書淵源》《字偏旁辨誤》《存古韻譜》等書，吳文正為序之。」

**何中（1265-1332）**，字太虛，號養正，撫州樂安（今屬江西）人。宋末舉進士，博通經史。至順間為龍興學師。著《易類象》二卷、《書傳補遺》十卷、《通鑒綱目測海》三卷、《知非堂稿》十七卷。吳澄《送何太虛北遊序》稱（太虛）「善書，工詩、綴文研《經》，修於己不求知於人」。事見《元史》一百九十九。

**範椁（1272-1330）**，字景文，一字德機，清江（今江西樟樹）人。幼孤貧，生性聰穎，潛心苦讀。年三十六，始客京師，以朝臣薦為翰林院編修官，選充翰林供奉，改擢福建閩海道知事，有政績。天曆二年（1329），授湖南嶺北道廉訪司經歷，以養親辭官歸故里。其詩風清健淳樸，用力精深，與虞集、楊載、揭傒斯並稱元詩四大家。有《范德機詩集》和詩話《木天禁語》《詩學禁臠》傳世。書法為元代大家，時人稱「文白先生」。揭傒斯《文安集》卷八《范先生詩考》云：范椁「晚尤工篆、隸，吳興趙文敏公曰：范德機漢隸，我固當避之，若其楷法，人亦罕

及」。陶宗儀《書史會要》云：「梣博學善屬文，于詩尤長，古隸清勁有法。」事見《元史》卷一百八十一。

　　**皮棨（生卒年不詳）**，字維楨，清江（今江西樟樹）人。虞集之甥。虞集《道園學古錄》卷四十三《皮棨維楨墓誌銘》謂棨「以文學稱於鄉」，「敏學意氣，蓋有父風，而翰墨幾乎舅氏之似矣」。

　　**汪澤民（1273-1355）**，字叔志，徽之婺州（今江西婺源）人。少警悟，家貧力學，既長，遂通諸《經》。延祐初，以《春秋》中鄉貢。五年（1318），登進士第。歷南安、信州、平江各路總管府推官。至正三年（1343），召除國子司業，與修遼、金、宋三史。以嘉議大夫、禮部尚書致仕，追封譙國郡公，卒，諡文節。《御定佩文齋書畫譜》卷三八引明宋濂《潛溪集》語云：「澤民為文，不事繪飾，詩亦清婉，尤以善書名家。」有《手札下及帖》存世。《元史》卷一百八十五有傳。

　　**揭傒斯（1274-1344）**，字曼碩，龍興富州（今江西豐城）人。延祐元年（1314），程鉅夫、盧摯薦於朝，特授翰林院國史院編修官，累官至集賢學士、翰林直學士、侍講學士、同知經筵事。詔修遼、金、宋三史，傒斯為總裁官。與虞集、楊載、范梈並稱元詩四大家。著作有《揭文安公全集》十四卷。事見《元史》卷一百八十一。

　　揭傒斯書法超群，善楷書、行、草，亦善詩、文、繪畫，修養高深。朝廷大典冊，及元勳茂德當得銘辭者，必以命焉。元劉詵《桂隱文集》卷四《書揭先生所書千字文》云：「翰林學士揭公手書千文，正直端楷，如刀畫玉，心甚重之。」歐陽玄《圭齋

文集》卷十《元翰林侍講學士中奉大夫知制誥同修國史同知經筵事豫章揭公墓誌銘》云：「（傒斯）楷法精健閒雅，行書尤工。國家典冊及功臣家傳賜碑，遇其當筆，往往傳誦於人。四方釋、老氏碑版，購其文若字，袤及殊域。」陶宗儀《書史會要》云：「揭傒斯正、行書師晉人，蒼古有力。」傳世墨蹟有《臨智永真草千字文》《陸柬之文賦卷題跋》《題畫詩》（即《題唐胡虔汲水蕃部圖詩》）、《蘇軾樂地帖卷題跋》等。

《臨智永真草千字文》，紙本。縱二十八釐米，橫四三二點五釐米。上海博物館藏。此帖書於元統二年（1334）。此帖筆劃沉穩踏實，一絲不苟，力追智永禪師骨髓，氣息蒼古。明人劉瑞跋：「作者亦精卓如此，迴出元代諸家之外，真能得永師骨髓，不專以趙吳興面目盡其長也。」「其用意所在，無一懈筆，無一弱筆，而一種樸茂之氣有非世之書家所能及，故足珍耳。」

《陸柬之文賦卷題跋》，此則題跋，一絲不苟，雖為小楷，卻似有巨幅之相，筆力剛勁，結體精嚴，章法疏朗，氣度從容。書中稱「雖若隨（隋）僧智永，猶恨嫵媚太多，整齊太過也」。可窺見揭傒斯書法審美觀之一斑。想來他在這幅作品中正是追求一種整而不齊，秀而不媚的境界。

《題畫詩》，即《題唐胡虔汲水蕃部圖詩》，紙本，楷書。縱四十點九釐米。共四行，七十二字。臺北「故宮博物院」藏。此帖用筆活潑，筆力遒婉，墨色秀潤，結體寬博舒展，橫畫由左向右微微上揚，在穩固之中寓有險勁。字距行距疏朗，格調蒼古有力，精健閒雅。這些特點，都可以明顯地看出晉人的痕跡。

《蘇軾樂地帖卷題跋》（圖 1-51），紙本，縱二十五點一釐

米。上海博物館藏。此帖無論是章法佈局，還是字的結體和筆劃，含有魏鍾繇《薦季直表》的韻味，運筆藏露結合，筆力挺拔；結體欹正相倚，姿態豐富；行間氣脈連貫，舒展自如。

**揭汰**（1304-1373），字伯防，傒斯子。通六經，善文辭。《四庫全書》本《御定佩文齋書畫譜》卷三十七記載，揭汰以蔭補秘書郎，遷國史編修，官至肅政廉訪司事。陶宗儀《書史會要》稱汰風尚通雅，言議英秀。正書得用筆意。

**杜本**（1276-1350），字伯原（或稱原父），號清碧。祖籍京

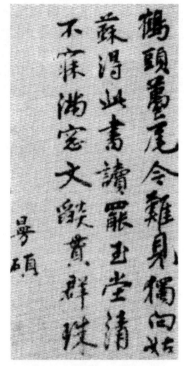

兆（今陝西西安），徙居清江（今江西樟樹）。善屬文，入為御史大夫。江浙行省丞相忽剌術得其《救荒策》，薦於武宗，嘗奉召至京師。不久歸隱。順帝時召為翰林待制，稱疾固辭。杜本博該經術，淹貫古今。多藏古圖畫器物名帖。《江西通志》卷七十四《元儒考略》卷三載，杜本著有《四經表義》《六書通編》《十原》《清江碧峰集》等。《元史》卷一百九十九有傳。杜本書法理論有《論書》存世。主張書法應不拘一體，不泥一法，起承開合，取宏觀把握之勢，「夫兵無常勢，字無常體：若坐、若行、

若飛、若動、若往、若來、若臥、若起、若日月垂象、若水火成形。倘悟其機，則縱橫皆成意象矣」[1]。論述宏博，氣韻流動，極具生氣。杜本博學能文，善書法，工篆隸。《御定佩文齋書畫譜》卷三八引陶宗儀《輟耕錄》語云：「杜本有所編《五聲韻》，自大小篆，分隸、真、草，以至外番書及蒙古新字，靡不收錄。」陶宗儀《書史會要》云：「杜本工楷、隸，楷書結體謹嚴，全具八法。隸書學漢《陽馥碑》。」《御定佩文齋書畫譜》卷三八引元陸友《墨史》語稱「杜公書方正嚴重，如通經巨儒，進止有法」。杜本的傳世墨蹟多見於題跋，如《睢陽五老圖》後有他十五行隸書題跋，用筆較厚重，筆劃豐滿圓活，結體勻稱，形態自然大方，與當時較為刻板的時尚隸書風貌不同。[2]杜本存世書跡還有《書清真觀碑》《與本齋札》。

**歐陽玄**（1283-1357），字原功，號圭齋。瀏陽（今屬湖南）人，祖籍廬陵（今江西吉安）。延祐二年（1315）進士，授岳州路平江州同知。累官至翰林待制兼國史院編修官、翰林直學士、國子祭酒、侍講學士等。他參加編修四朝實錄，纂修經世大典，任宋、遼、金三史總裁官。卒，諡曰文。著有《圭齋集》。歐陽玄性度雍容，為政廉平。歷官四十年，凡朝廷高文典冊多出其手。海內名山、大川、釋老之宮，王公貴人墓隧之碑，以得玄文

---

1　轉引自李國強、傅伯言主編：《贛文化通志》，江西教育出版社 2004年。

2　黃惇：《中國書法史・元明卷》，江蘇教育出版社 2002 年版，第 96 頁。

辭為榮。片言隻字流傳人間，咸知寶重，文章道德卓然名世。陶宗儀《書史會要》謂玄行草類似蘇文忠而剛勁流暢，風度不凡，未易以專門之學一律議之。其書跡存世者有《跋陸柬之文賦》《春暉堂記》《歐陽修詩文手稿題跋》《虞雍公文序簡》《與季野札》《楊公墓碑銘》《贈季鏡書》。事見《元史》卷一百八十二。

《跋陸柬之文賦》（圖 1-52），墨蹟本，紙本。楷書。縱二十五點一釐米。共二十行，二百三十九字。臺北「故宮博物院」藏。此帖書於至正丁酉（1357）閏月十八日，前接李士弘跋。從文字內容來看，歐陽玄指出李氏所謂「其書變態不同」「此正柬之妙處」。還指出米元章書矯亢跌宕，世人均認為其自創一法，其實不知米氏全學陸柬之《頭陀寺碑》。他家藏《頭陀寺》墨本數行，昔人重其書，隨所得多寡而著存之。最後指出，像《文賦》這樣累千百言，「當為方今陸帖第一」。可見他十分推崇陸書《文賦》。此跋書法師承蘇東坡行楷，點畫渾樸勁健，橫畫瘦勁挺拔，豎畫粗短

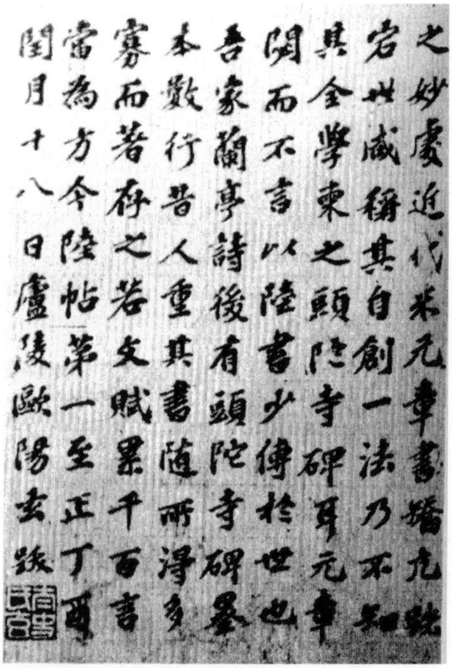
之妙處近代米元章書矯亢跌
宕世咸稱其自創一法乃不知
其全學陸柬之頭陀寺碑耳元章
閱而不言以陸書少傳於世也
吾家蘭亭詩後有頭陀寺碑墨
本數行昔人重其書隨所得多
寡而著存之若文賦累千百言
當為方今陸帖第一至正丁酉
閏月十八日廬陵歐陽玄跋

▲ 圖 1-52　歐陽玄《跋陸柬之文賦》

厚重。轉折提按，輕重有度，粗細對比強烈，數畫或數豎並施時，隨意稍變，不致雷同。字形偏扁，左低右高斜勢較大。篇章分佈雖橫有列、豎有行，但字字寫得剛健而流暢，絕無拘謹板滯之感。如落款「廬陵歐陽玄跋」中有「陵」「歐」「陽」三字左側均為豎，但無一相同。文中有不少重字，都能略加變化。可見其學蘇字已入化境。明陶宗儀《書史會要》稱玄行、草略似蘇文忠，而剛勁流暢，風度不凡，未易以專門之學一律議之。所言不無道理。

《五言古詩帖》，墨蹟本，紙本。縱二十五點一釐米，橫三十五點二釐米。共八行，六十四字。臺北「故宮博物院」藏。此帖取法於蘇軾，用筆、結體、態勢都帶有蘇軾行楷書的一些特徵，但又融入了自己的個性。與蘇軾的字相比，此帖有些筆劃瘦硬挺拔，中宮緊結，不像蘇字那樣豐腴豪健。

《春暉堂記》，紙本，楷書，縱二十九釐米，橫一百零二點九釐米。署款：「國史冀郡歐陽玄記」，款下鈐「冀郡歐陽玄印」。鑒藏印有清安岐、乾隆內府、嘉慶內府、宣統內府諸印。卷後有元張翥、吳當、貢師道、程益四家題詩。北京故宮博物院藏。字體風格與《跋陸柬之文賦》一致。

**倪中（生卒年不詳）**，字中愷，信州（今江西上饒）人。官至翰林待制。正書端謹清潤。見陶宗儀《書史會要》。

**胡益（生卒年不詳）**，字士弓，鄱陽人。官參知政事。陶宗儀《書史會要》云：「益工書，真、草師趙魏公，都下碑刻，多其所書。」

**余襄（生卒年不詳）**，番陽（鄱陽）人，陶宗儀《書史會要》

稱其工篆而大字尤善。

　　**李申伯（生卒年不詳）**，江右（今江西）人。官至集賢待制。陶宗儀《書史會要》稱李申伯古隸專學《孫叔敖碑》，得方勁古拙之法。

　　**朱振（生卒年不詳）**，字良玉，番陽（鄱陽）人。陶宗儀《書史會要》稱朱振草學《聖教序》，真師趙魏公。

　　**蔣惠（生卒年不詳）**，字季和，號紫芝山人，番陽（鄱陽）人。博學多通，機敏有幹行。陶宗儀《書史會要》謂惠草書師鮮于太常，多晉人氣格。

　　**歐複（生卒年不詳）**，字伯誠，番陽（鄱陽）人。陶宗儀《書史會要》稱其善古隸。

　　**葛萬慶（生卒年不詳）**，廬山人，居越中，號越台洞主。能為詩，務出人不道語。善草書，酒酣落筆，愈得其妙。見陶宗儀《書史會要》。

　　**龔觀（生卒年不詳）**，豫章（今江西南昌）人。能篆。見陶宗儀《書史會要》。

　　**盛熙明**，生年不詳，卒於至正二十三年（1363）以後。其先祖為曲鮮（即龜茲，今新疆庫車縣）人，後移居豫章（今江西南昌市）。史稱其「清修謹飭，篤學多材。工翰墨，亦能通六國書」。以擅長書法而辟為奎章閣書史，預修《經世大典》。一生致力於書法藝術和書法理論的研究，至順三年（1332）編著成《法書考》八卷。此書未完稿時，就曾上進朝廷，元文宗通覽書稿，就下令珍藏禁中。文宗崩後，因奎章閣官員沙剌班於元統元年（1333）即至順四年四月五日進呈元順帝而名揚天下。因此，

此書成書時間當在揭傒斯序中提到的至順二年「稿未竟」的次年——至順三年（1333）。[3]《法書考》分書譜、字源、筆法、圖識、形勢、風神、工用等七類。主要研究漢字書法，並對梵文和蒙古新字（八思巴字）做了介紹。此書做精選古代書論時，條分縷析，編排整理也獨具匠心，每卷的開始多為總論，出自盛熙明的手筆，這些書論反映了作者的書法觀念。如卷三《筆法》：「夫書者，心之跡也。故有諸中而形諸外，得於心而應於手。然揮運之妙，必由神悟，而操執之要，尤為當務也。」卷五《形勢》：「點畫既工而後能結體，然佈置有疏密，骨格有肥瘠，不可不察也。」卷六《風神》：「翰墨之妙，通於神明。故必積學累功，心手相忘。當其揮運之際，自有成書於胸中，乃能精神融會，悉寓於書，或遲或速，動合規矩，變化無常而風神超逸。是非高明之資，孰克然耶。」此書旨在研究歷代書法宗原，品評書法之精，而且運筆亦很精妙，實屬難能可貴。書中有虞集、歐陽玄、揭傒斯等人撰寫的序言，盛讚其研究成果。朱彝尊在《曝書亭集》卷四十三中，有《盛熙明法書考跋》，稱「其文約，其旨該，不意九州之外，乃有此人云」。陳垣《元西域人華化考》卷五中評論說：「夫以西域人而工中國之書，已屬難能，況又以其研究所及，著為成書，以詔當世，豈非空前盛業乎？」[4]其他書

---

3　黃惇：《中國書法史·元明卷》，江蘇教育出版社 2002 年版，第 150 頁。

4　陳垣：《元西域人華化考》，國家圖書館出版社 2008 年版。

論有《論天竺書》《論書》等行於世。今故宮博物院藏有他的行書作品《跋趙孟頫雜書三段卷》（圖1-53），行書四行，用筆挺勁，有晉人法，行距疏朗，氣韻蕭散古淡。

**夾穀希顏（生卒年不詳）**，居江右（今江西）。陶宗儀《書史會要·補遺》稱其小篆清勁有法。

**桂梓（生卒年不詳）**，字材甫，饒之安仁縣（今江西余江）人。幼而機敏，不隨常兒嬉狎，刻意工字畫。見元李存著《俟庵集》卷二十五《三老材甫桂君墓誌銘》。

**楊元正（生卒年不詳）**，吉水（今屬江西）人。《禦定佩文齋書畫譜》卷三八引邵遠平《續弘簡錄》云：楊元正「官翰林檢討。善行、草書，其隸法師蔡邕，為時所重」。

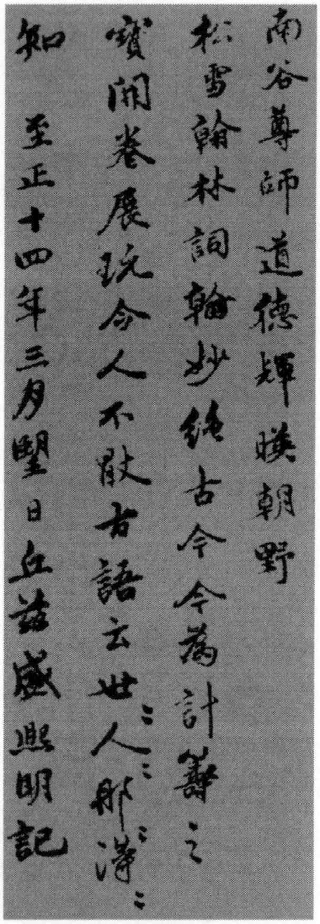

▲ 圖 1-53　盛熙明
　　　　《跋趙孟頫雜書三段卷》

**程積（生卒年不詳）**，字子相，新城（今江西黎川）人，《御定佩文齋書畫譜》卷三八引明王材《江西新城志》云：積「日記萬言，詩篇敏給。工書，欲與鮮於樞抗衡，趙孟頫相高下」。《黎川縣誌》第二章《歷代人物簡介》記：「（程積）從小強記博學，

十二歲通《論語》《孟子》，詩才敏捷，尤精於書法。」**5**

**周伯琦**（1298-1369），字伯溫，號玉雪坡真逸，饒州鄱陽（今屬江西）人。元翰林待制周應拯子，以父蔭授南海縣主簿，為翰林修撰。預修泰定帝寧宗實錄。歷任浙西肅政廉訪使、江南廳台監察御史、資政大夫、江浙廳省左丞等職。以榮祿大夫集賢院大學士致仕。事見《元史》卷一八七，《新元史》卷二百十一。

周伯琦博學工文章，尤善書，以篆、隸、真、草擅名當時。順帝命篆宣文閣寶，並題宣文閣匾，及摹王羲之《蘭亭序》、智永《千字文》刻石閣中。著有《六書正訛》《說文字原》二書及《詩文集》。《御定佩文齋書畫譜》卷三十九引明馬大壯《天都載》云：

> 至正間，初改奎章閣為宣文，朝臣咸謂必命巙巙書榜。時周伯琦雖在館閣，精篆書，未為上知。巙巙日令書宣文閣榜十數紙，周不識其意。一日有旨巙巙書閣榜，辭曰：「臣所能者真書，不古；古莫如篆。周伯琦篆書，今世無過之者。」上如其言，召之書，由是進用。

《御定佩文齋書畫譜》卷三十九引明趙琦美《鐵網珊瑚》云：「伯琦古篆得文敏公遺意，字頗肥而玉潤可愛。」卷七十九《元周伯琦四體千文》條引楊士奇《東里續集》云：「元工篆書

**5** 江西省黎川縣誌編纂委員會：《黎川縣誌》，黃山書社 1993 年版。

者多矣，伯溫最用功，其作字結體，蓋出泰山李斯舊碑。」陶宗儀《書史會要》謂伯琦篆師徐鉉、張有，行筆結字，殊有隸體，正書亦善。傳世書跡有《朱德潤墓誌銘》《筆說》《七言律詩》《官學國史二箴卷》《通犀飲卮詩帖》《四體千文》《六書正訛篆文》《藏經銘詩》《論篆書》《理公岩記》《遣興即事詩》《睢陽五老圖題跋》《趙孟頫百尺梧桐軒圖卷題跋》等。

　　《朱德潤墓誌銘》，墨蹟本，紙本。楷書。縱三十四點九釐米，橫二百七十點八釐米。北京故宮博物院藏。此卷書於至正二十五年（1365）。其書法遠承二王，近則得益於趙孟頫，間有古

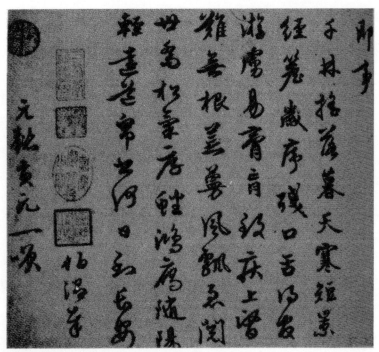

▲ 圖 1-54　周伯琦《七言律詩》

樸典雅的漢隸意味，字態或縱長，或橫扁，或寬鬆疏朗，或窄小緊密，於端莊中兼有靈動之氣。

《筆說》，墨蹟本，紙本。行書。共十二行。書於至正二十二年（1362），係吳興三代造筆高手陸氏奉卷請周伯琦題字。周伯琦作《筆說》贊陸氏制筆精藝。此卷師法晉唐，筆墨滋潤，點畫圓滿，結構勻稱，行氣直貫，通篇表現出從容閒雅的氣度。

《七言律詩》（即《至日遣興即事詩》）（圖1-54），墨蹟本，紙本。行書。縱二十七點八釐米，橫六十一點四釐米。共十八行，一百二十七字。臺北「故宮博物院」藏。此卷結體源自《懷仁集王羲之書聖教序》，筆法逼近孫過庭《書譜》，形態規整而生動，筆勢飽滿酣暢，隱隱然有一種清雅之氣。

《宮學國史二箴卷》（圖1-55），墨蹟本，紙本。縱二十六釐米，橫二百八十四點五釐米。北京故宮博物院藏。周伯琦在各種書體中最擅長篆書，從此卷看，他的篆書與元代前期篆書有明顯差異，他敢於打破李斯、李陽冰玉箸小篆的束縛，結體取法漢篆，方折多於圓轉，用筆沉穩、豐潤，有厚重感。他在小篆中糅

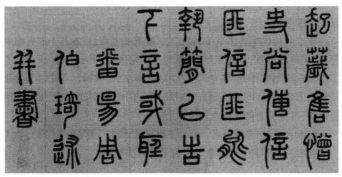

▲ 圖1-55　周伯琦《宮學國史二箴卷》

入了漢篆的結體，與趙孟頫為代表的元初篆書已拉開了距離。張雨《二箋卷跋》云：「伯溫篆書為本朝冠，而偏旁點畫皆有來歷，無間然者。」評價甚高。

**周宗仁（生卒年不詳）**，字克復，伯琦子，饒州（今江西鄱陽）人。《御定佩文齋書畫譜》卷三九引邵遠平《續宏簡錄》云：宗仁「官山東行省左右司郎中。篆書宗家學，然不逮父」。

**傅若金（1304-1343）**，初字汝礪，後改與礪。新喻（今江西新餘）人。少孤貧，勤於學，能文章，受業范梈之門。以布衣入京師，數日之間，詞章廣為傳誦，京中名流無不倒屣而迎，詩名大振。得虞集、揭傒斯、宋褧賞識，以異材相薦，於元順帝元統三年（1335）佐使安南。歸任廣州文學教授。著有《傅與礪詩文集》，事見《新元史》卷二三八。傅若金亦工書翰，明陶宗儀《書史會要》謂若金正書學歐陽率更云。

**揭雲（生卒年不詳）**，字之德，元揭傒斯之孫。明陶宗儀《書史會要》謂揭雲正書學智永。（文補寫）

**熊夢祥（生卒年不詳）**，字自得，號松雲道人、近光堂吏，富州（今江西豐城縣）人，一說南昌進賢（今屬江西）人。元末，以茂才異等薦為白鹿洞書院山長，繼授大都路（治今北京市）儒學提舉，崇文監丞。後棄職，放意詩酒，遊淮、浙間，卜居婁江，與顧瑛（1310-1369）為忘年交。約於元惠帝至元初（1355）前後在世。撰有《析津志》《釋樂書》《松雲道人集》。據《豐城縣誌》第三十一篇《人物》記載，元朝顧瑛的《草堂雅集》卷六和清朝顧嗣立的《元詩選·三庚集》，都收錄了熊夢祥

的詩作。[6]熊夢祥博通群書，旁曉音律。工詩文，畫山水清逸高古，無庸工俗狀。工書法，真、草、篆、隸數體皆能，行筆遒勁而有法度。傳世墨蹟有《定武蘭亭跋》。事見明錢肅樂《太倉州志》、清王昶《（嘉慶）直隸太倉州志》卷五十人物。

篤列圖（生卒年不詳），字敬夫，又字彥誠，捏古台氏人。蒙古族，燕山人，後徙永豐（今屬江西）。《式古堂書畫匯考》卷九作圖列圖。文宗天曆三年（1330）舉進士第一。歷任集賢修撰，江南行台監察御史，福建廉訪司、內台御史等職。博學能文，善詩。有《題董太初長江偉觀圖》等題畫詩傳世。亦擅書畫，書法以大字見長。畫作有《海鶻圖》。陶宗儀《書史會要》稱篤列圖善大字。

余詮（生卒年不詳），吉安（今屬江西）人，與楊維楨同時。洪武初以明經老成被薦，召至京，賜坐顧問，年逾七十矣。翌日，命為文華殿大學士，以老疾固辭，遂放還。《御定佩文齋書畫譜》卷三九引明朱珪《名跡錄》載：「《元故殷處士墓碣》，至正廿三年會稽楊維楨撰，豐城余詮書。」

艾斐（生卒年不詳），字季成，臨川人。陶宗儀《書史會要》謂斐博學多才，善隸書。

鄒偉（生卒年不詳），字元偉，南昌人。陶宗儀《書史會要》稱偉學藝淵博，善真、草、篆、隸。

---

6　豐城縣誌編纂委員會：《豐城縣誌》，上海人民出版社 1989 年版，第704 頁。

　　**張去偏（生卒年不詳）**，字從正，餘干（今屬江西）人。陶宗儀《書史會要》稱其有學行，善真、草。

　　**張與材（？-1316）**，字國梁，號薇仙，別號廣微子。信州貴溪（今屬江西）人。正一天師三十六世宗演之子，三十七世與棣之弟，元貞元年（1295）嗣受三十八世襲掌道教。次年，制授「太素凝神廣道明德大真人」，管領江南諸路道教事。武宗即位來觀，特授金紫光祿大夫，封留國公。延祐三年（1316）卒，贈號「太素凝神廣道明德大真人」。陶宗儀《書史會要》卷七謂與材作大字有法，草書亦佳。事見《新元史》卷二百四十三。

　　**張嗣成（？-1344）**，字次望，號太玄子，張與材之子。元仁宗延祐四年（1317）嗣天師之位。仁宗封號為「太玄輔化體仁應道大真人」，總領三山符籙，主掌江南道教事。英宗至治三年（1323），加位「知集賢院事」。元順帝至正四年（1344）羽化。陶宗儀《書史會要》稱其亦善草書。事見《新元史》卷二百四十三。

　　**吳全節（1267-1348）**，字成季，號閑閑，看雲道人，饒州安仁（今江西余江）人。年十三，學道於龍虎山，師從正一道張留孫。大德十一年（1307），授玄教嗣師。至治二年（1322），授特進上卿、玄教大宗師，崇文弘道玄德廣化真人，總攝江、淮、荊、襄等處道教。吳全節兼修儒道，能文工詩，有詩文集《看雲錄》行世。吳全節嗜文墨，善書翰，工行、草書。陶宗儀《書史會要》卷七稱其「草書亦英拔」。傳世墨蹟有泰定元年（1324）《趙孟頫書道經生神章卷題跋》、至正六年（1346）《季境送別詩》等。事見《新元史》卷二百四十三。

薛玄義（1289-1345），字玄卿，自號上清外史。河東人。徙居貴溪（今屬江西）。年十二，辭家入道龍虎山。至正中授「弘文裕德崇仁真人」，佑聖觀主持，兼領杭州諸宮觀。為文負才氣，倜儻不羈，尤長於詩，有《上清集》。工書法，勁麗飄逸，片紙隻字，人爭寶之，為時所重。陶宗儀《書史會要》稱其行書得體。虞集《道園學古錄》卷四六《送薛玄卿序》云：「（玄卿）為學弘博，好古書法，為詩有飄飄凌雲之風。」元李存《俟庵集》卷二十《薛玄卿詩序》稱其「早工於詩，四方傳誦」。「其以風日清美時，輒肩輿造鄰室，遇酒必醉，遇飯必飽，且賦詩為行草書。」傳世墨蹟甚罕，僅見《米友仁瀟湘奇觀圖卷題跋》。

方從義（約1302-1393），字無隅，號方壺、金門羽客、鬼谷山人、不芒道人，江西貴溪人，龍虎山上清宮道士。工詩文，善古篆、隸書、章草，擅山水。傳世作品有至正十九年（1359）作《武夷放棹圖》軸，現藏故宮博物院；《白雲深處圖》卷、《雲山圖》卷，藏上海博物館；《山陰雲雪圖》軸、《高高亭圖》軸、至正二十五年（1365）作《神岳瓊林圖》軸，藏臺北「故宮博物院」；至正二十年（1360）作《太白瀧湫圖》軸，藏日本大阪市立美術館。編入故宮所藏《中國歷代名畫集》中的有《神岳瓊林圖》《山陰雲雪圖》和《高高亭圖》，都是傳世珍品。據《貴溪縣誌》卷三十二《人物》記載，元至正十一年（1351）上清宮所鑄 9000 斤銅鐘上銘文隸書，即出自方從義手筆。[7]陶宗儀《書史

---

7　李寅生主編：《貴溪縣誌》，中國科學技術出版社 1996 年，第 1179 頁。

會要》稱其善古隸、章草云。

葛元喆（生卒年不詳），元代金溪（今屬江西）人，登進士，官浙江行省掾吏。至正中，以大臣薦為撫州令。未幾兵亂，浮海至大都，卒。私諡文貞。元喆博學工文，有英氣，居官以善跡稱，有詩文集。《御定佩文齋書畫譜》卷三十七引明黃顯修《撫州志》云：「元喆工書法，與趙文敏並稱。」

祝玄衍（生卒年不詳），道士。號丹陽，貴溪（今屬江西）人。陶宗儀《書史會要》稱其能大字。

鄭樗（生卒年不詳），道士。字無用，號空同生。旴江（今江西廣昌）人。性稟剛勁尚氣。陶宗儀《書史會要》云：「作古隸初學《孫叔敖碑》，一時稱善，後乃流入宋季陋習，無足觀者。」

周蘭雪（生卒年不詳），道士。信州（今江西上饒）人。陶宗儀《書史會要》稱其能篆、隸。

宋季子（生卒年不詳），以字行，臨川人。生於元末，明洪武（1368-1398）時為周府奉祠。為詩文有法，擅長隸書。陶宗儀《書史會要》稱他能古隸，嘗增廣宋婁機《漢隸字源》及撰寫《兩漢字統》凡十二卷。宋濂《文憲集》卷五《重校漢隸字源序》載：「宋君季子，博學篤行，且留意於古隸之書，所獲漢魏諸碑刻，必夙夜潛玩，不知有寒暑。三走鄱陽，見伯誠先生歐君複。歐君憫其用志不分，悉以作隸之法授受焉。」「複往龍虎山中質諸方壺翁從義，翁蓋深於隸學者。見季子，欣然接之，語蟬聯不自休。季子於是學大進，遂以善於隸書知名當時。」《金溪人物志》亦曰：「季子善草、隸。」

**釋克新（生卒年不詳）**，字仲銘，自號江左外史。鄱陽（今屬江西）人。始業科舉，元朝罷科舉，乃更為佛學，博通外典，務為古文。著有《雪廬集》。陶宗儀《書史會要》卷七稱其能文，亦工古隸。


## 第二節 ▶ 明代眾多的書法家

　　明代從太祖朱元璋洪武元年（1368）開國，到思宗朱由檢崇禎十七年（1644）自縊，前後共計二百七十七年。黃惇《中國書法史‧元明卷》認為明代書法大致可分為三個時期：從明初洪武到成化時代（1368-1487）為前期，從弘治到隆慶時代（1488-1572）為中期，從萬曆到崇禎自縊（1573-1644）為後期。[8]按照這種分期的方法，明代江西書法大致也可以分為三個時期：前期江西書法家數量最多，而影響力較大的書家是那些供職翰林、官至尚書的朝廷重臣，如危素、胡儼、解縉、楊士奇、金幼孜、胡廣等，其中解縉的書法成就最突出。中期江西書法家數量較多，而影響力較大的書家是那些著名的理學家，如羅欽順、王守仁、羅洪先、羅汝芳等；中期值得稱頌的女書法家是婁妃。後期江西書法家數量較少，且多為學者或畫家，他們在明朝走向滅亡之際，保持著高尚的民族氣節。明代家族書法群體，值得一提的是

---

**8** 黃惇：《中國書法史‧元明卷》，江蘇教育出版社 2002 年版，第 173 頁。

危素、何喬新、傅瀚等家族。

## 一、明代前期江西書法家

危素（1303-1372），字太樸，號雲林，江西金溪縣白馬鄉（今黃通鄉高橋）人。唐朝撫州刺史危全諷之後。危素四歲開始讀書，十五歲便精通《五經》。他曾拜讀於吳澄門下，並尊李存為師。吳澄對他十分賞識、大力引薦，得以廣交文學名士。當時范梈、虞集、揭傒斯等人對他淵博的學識也很折服。元至正元年（1341），經大臣引薦，出任經筵檢討，負責編修宋、遼、金三朝國史及注釋《爾雅》，累遷翰林學士承旨。明初為翰林侍講學士，與宋濂同修《元史》，兼弘文館學士。洪武年間，御史王著等屢進讒言，說危素是亡國之臣，不該重用不宜列侍從。西元一三七〇年，危素被貶謫居和州（今安徽省含山縣），守元臣餘闕廟。歲餘卒於和州含山縣寓所，享年七十歲。後歸葬金溪高橋，學士宋濂為他撰寫了墓誌銘。危素是元末明初歷史學家、文學

▲ 圖 1-56　危素《陳氏方寸樓記楷書卷》

家。有《危學士集》。事見《明史》卷二百八十五。

　　危素身經兩個朝代，在歷史著作上有不可磨滅的貢獻，但他是降臣，歷代封建統治者出於忠君思想，並不把他放在重要位置上加以宣揚，所以他的功勞多被湮沒（如宋、遼、金史署名是元朝宰相脫脫主編，實際上是危素執筆）。其實危素早年在元室的朝廷上，就由於參加《宋史》《遼史》和《金史》的編修，而深負時譽。到了明代，他又與宋濂同修《元史》，更奠定了他在學術上的崇高地位。危素治史態度嚴謹，值得後世學者效法。此外，他的散文被譽為元代一大家，有文集《說學齋稿》四卷，明歸有光鈔輯。清人王懋竑稱其文：「演迤澄泓，視之若平易，而實不可幾及，非熙甫莫知其深。」（見王懋竑《白田雜著》卷八）他還著有《爾雅略義》十九卷，《草廬年譜》《元海運記》等。在《太和正音譜》中有《危太僕後庭花》雜劇一本，王國維疑為危素所撰。

　　危素精於書法，其書寫的片紙隻字，人們都愛珍藏，是元末明初頗具代表性的書法家。《御定佩文齋書畫譜》卷四十引明宋濂《學士集》語評危素：「博學善文辭，尤精於書，得片紙隻字者，寶秘以為榮。」明陶宗儀《書史會要》曰：「素善楷書，有釋智永、虞永興典則。」明解縉《書學傳授》曰：「康里子山在南台時，臨川危素太樸、饒介介之，得其傳授，而太樸以教宋璲仲珩、杜環叔循、詹希元孟舉，介之以授宋克仲溫。」明徐一夔《始豐稿》曰：「公楷、行、草三體並臻於妙，凡世臣大家釋老寺觀穹碑短碣，多出公手。」危素的書法「用筆骨力遒健，結字端莊秀俊」。代表作有朱元璋《御制皇陵碑》《跋陸柬之書文賦》

《義門王氏先塋碑》《蒲城王氏祠堂碑銘》《陳氏方寸樓記楷書卷》等。

《跋陸柬之書文賦》，墨蹟本，紙本。共三行。楷書。作於元至正二十一年（1361）。從跋文可知，危素就從平章公治農事，平章公去世後，他有機會獲睹其家藏《陸柬之書文賦》，囑咐物主珍惜保藏這幅法書名跡。點畫秀美中寓剛勁，結體緊密而勻稱，書風與王羲之、虞世南、陸柬之一脈相承。

《陳氏方寸樓記楷書卷》（圖 1-56），是危素書寫的一幅精謹、工整的書法作品。現收藏於北京故宮博物院。全篇在有界格的紙上展開，行距、字距都切割成勻等的空間，法度嚴謹、但個性略嫌不足，與危素為官清廉、剛正的個性相吻合。

**危瓛（生卒年不詳）**，字朝獻。素之弟。明洪武年間江西金溪人，一作臨川（今江西撫州）人。官衛府紀善。明何喬遠《名山藏》曰：「朝獻亦善行、楷。」

**危進（生卒年不詳）**，字伯明，危素之子。金溪（今江西金溪）人。明朝著名書法家。書法有父風。工詩，列光岳英華三體詩中。著有《大觀錄》傳世。

**劉爆（生卒年不詳）**，字彥正。明初江西鄱陽人。《御定佩文齋書畫譜》卷四十引明宋濂《篆韻集抄序》語評曰：「爆嘗為嚴之建德令。留意篆學，歷年之久，靡不貫通。」

**許鳴鶴（生卒年不詳）**，字暨廣。明初江西廬陵（今江西吉安）人。官中書舍人。明陶宗儀《書史會要》曰：「鳴鶴受業詹孟舉之門，行、草沉著可愛。」

**程輅（生卒年不詳）**，字伯衡，號東皋處士。明初江西新城

（今江西黎川）人。《御定佩文齋書畫譜》卷四十引明王材《江西新城縣誌》語評曰：「伯衡精于書札，尤長篆、隸。」

　　**釋來復**（1319-1391），字見心，號蒲庵，族姓黃氏。明僧。江西豐城人。少出家為僧，師事南悅楚公。早有詩名，元時與虞集、歐陽原功諸人曾遊吳中、燕都等地。至正十七年（1357），奉行宣政院檄主慈溪定水教忠報德禪寺。洪武初，為太祖禮重，與釋宗泐齊名，授僧錄司左覺義，發往鳳陽府圓通院修住。洪武二十四年，以僧智聰供其隨宗泐、來復往來胡惟庸府，坐淩遲死。釋來復明內典，通儒術，善為詩文。著有《蒲庵集》十卷，輯有《澹遊集》兩卷。清錢謙益《列朝詩集》曰：「洪武初，與泐季潭用高僧召主京，除僧錄寺左覺義，詔住鳳陽槎牙山圓通院。」釋來復書法作品有《題宣和道君詩》《自作詩卷》。

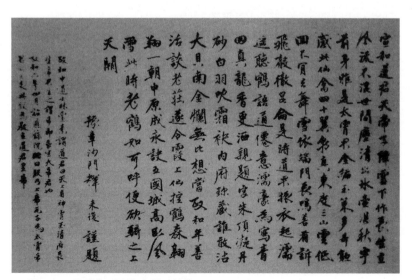

▲ 圖 1-57　釋來復《題宣和道君詩》

　　《題宣和道君詩》（圖 1-57），墨蹟本，紙本。行書。內容為詠歎宋徽宗信奉道教，由一代君王而淪為金人階下囚的人生遭遇，末署「豫章沙門釋來復謹題」。此帖筆劃秀逸，撇捺舒展，結體端莊而靈動，佈局前半部分較嚴謹整齊，後半部分逐漸疏朗，筆情墨趣近似趙孟頫行書。

　　《自作詩卷》，墨蹟本，紙本。行書。縱二十五釐米，橫五十三點三釐米。現藏日本京都曼殊院。此帖運筆提按變化大，輕重分明，筆劃勁健灑脫，結體欹側多姿，筆墨之中融入了豐富複雜的感情。

　　**曾鼎**（1321-1378），字元友，更字有實。江西泰和人。楊士奇外祖母的兄弟。元代末年的文人篆刻家。有孝行，人稱曰「曾孝子」。元末為濂溪書院學正。洪武三年（1370）以明經舉，引疾辭。明楊士奇《東里文集》卷二十《孝子曾先生改葬志銘》曰：元友「博學強記而專禮經，工詩，擅八分書，范金為小印章，渾然古意」。其中「范金」當指鑄造之事。

　　**熊鼎**（1322-1376），字伯穎，江西臨川人。明初詩人。元末舉于鄉，曾主持龍溪書院。江西寇亂，熊鼎結鄉兵自守，不從陳友諒。鄧愈鎮守江西，好幾次召見他，奇其才，推薦給朝廷。太祖欲授之官職，他以親老辭，於是留愈幕府贊軍事。其母喪除，他又被召至京師，授德清縣丞。松江民錢鶴皋反，鄰郡大驚，熊鼎卻能鎮之以靜。洪武初曆浙江僉事，以僵直稱，進副使。坐累左遷，復授王府參軍，召為刑部主事。洪武八年（1375），西部朵兒只班率部落內附，熊鼎任岐寧衛經歷。寇既降復叛，熊鼎責以大義，罵之，熊鼎與趙成及知事杜寅俱被殺。朱元璋知道後，

深覺惋惜，命葬於黃羊川（甘肅省武威市古浪縣黃羊川鎮），立祠紀念之。同朝文學家宋濂為他寫了墓誌銘。

熊鼎頗具文學才華，常吟詩作文，在詩歌上尤有建樹。其詩寓意較深、粗獷豪放。還著有教科書《公子書》三卷，存目於《四庫全書》子部雜家類。此書奉敕撰寫，以明朝開國武臣的子弟為教育物件，淺顯易懂，在當時有一定影響。其詩作收入《江西詩征》《列朝詩集》《明詩紀事》等集。

熊鼎擅長書法，曾奉命編韻類古人行事可鑒戒者書壁間，又書《大學衍義》於兩廡。明宋濂《潛溪集》曰：「太祖親征豫章，征授中書考功博士。」明何喬遠《名山藏》曰：「太祖命博士熊鼎編類古人行事可鑒戒者書壁間，又書《大學衍義》於兩廡。」事見《明史》卷二百八十九。

**吳勤**（1330-1405），字孟勤，江西永新人。以善書稱，善行、楷，有晉人風格。嘗受命書御制《永樂大典》序例。明解縉《文毅集》卷十三《仲勤吳先生墓誌銘》曰：「永樂元年，與修《太祖實錄》，特除開封儒學教授。」「為文章詩歌，敏而甚工，善行、楷書。在史館時，年七十矣，運筆如飛。」「嘗念其先舍南康，故號匡山樵者，居武昌，又號黃鶴山樵，晚更號由翁。」《永新志》曰：「成祖踐極，胡廣薦勤善書，召見命書御制《永樂大典》序例，字幾萬餘，勤神閑意定，書至終紙，點畫一無纖訛，上大悅。」明陶宗儀《書史會要》曰：「吳勤字有晉人風格，不擇紙筆，俱得其妙。」著有《匡山樵集》《由甕集》《六藝集》等。

**劉永之**（**生卒年不詳**），字仲修，自號山陰道士。江西清江

（今江西樟樹）人。洪武初，征至金陵，國史召編《禮書》，成，以重聽辭歸。日與郡士楊伯謙輩議論風雅，當世翕然宗之。明楊士奇《東里集》卷十《題劉山陰集》曰：「永之詩文清麗古雅，為當時所重。工書法，篆、楷、行、草，皆有師承。」「家富於貲，賒貸施數郡，仲修獨泊然布素，日靜處一室，書籍翰墨自娛。」

胡泰（生卒年不詳），字志同，號雲松，江西南昌人。洪武初，寓居萬載縣之塗泉。明吳敬《萬載縣誌》曰：「志同善真、草書，能文。」

解泰（生卒年不詳），字季通，一字成我。江西吉水人。絕意進取，洪武初累辟不起。明解縉《文毅集》卷十一《淵靜先生季通行狀》曰：季通「絕意進取，玩心高明，究竟六籍，旁搜百家，悉能通曉，尤善楷書，不效妍媚，方正嚴重，類其為人」。

劉槩（生卒年不詳），字子川，江西吉水人。洪武三年（1370）以明經征授兵部主事，遷工部主事。明周廣《吉水縣誌》曰：「子川善楷書，有才名。」

楊胤（生卒年不詳），字嗣慶，江西吉安人。明朱國禎《開國臣傳》曰：嗣慶「學有根柢，行端謹，妙於詩文。洪武中，以孝廉文學善楷書舉，皆不赴。以纂修起，亦不就。取足壟畝，襟抱灑然，卓然陶潛、徐稚之風」。

吳宏（生卒年不詳），字德廣，明饒州餘幹（今江西餘幹）人。明朝開國將領。以元江西行省參政歸明。鎮饒州，尋遣率兵取撫州、南昌諸郡，又從征下武昌，以功拜中書左丞，後遷親軍指揮。後率兵隨征虜大將軍徐達轉戰華北趙、燕、代等廣大地

區。但朱元璋心懷鬼胎，疑忌功臣，洪武三年（1370）將吳宏革職，謫戍秦州（今甘肅天水），後賜死。吳宏不但英武，還廣讀經史，能詩、工書法，事母盡孝，為當時士大夫所推崇。《御定佩文齋書畫譜》卷四十引明朱國禎《開國臣傳》語曰：宏「涉獵經、史，能詩工書，奉母至孝，見重于士大夫」。

**吳存**（生卒年不詳），江西南昌人。洪武初領鄉薦，授刑部主事，歷湖廣參政。《湖廣總志》曰：「吳存有才名，善吟詠，長於草書。」

**葉昭**（生卒年不詳），字子宣，江西星子人。洪武初為南康府訓導。明林庭（左木右昂）等《江西通志》曰：「子宣通經術，能詩文，善古隸。」

**章複**（生卒年不詳），江西鄱陽人。洪武初為全州知府。明程庭琪《廣西通志》曰：「章複有學行，能文章，尤工書翰。」

**劉樸**（生卒年不詳），字子素，江西吉水瀘江人。洪武二十年（1387）試翰林得官，客死京師。《御定佩文齋書畫譜》卷四十引明解縉《解學士集》語曰：子素「少有志節，耿介絕俗，其書清勁灑落，為文章詩歌，古雅典則」。

**王洪**（生卒年不詳），江西撫州人。明詹景鳳《詹氏小辨》曰：「洪武中有撫州王洪者，作小字勻淨成家。」

**吳均**（生卒年不詳），字平仲，明江西臨川人。洪武末寓瓊州，後擢高第，官右春坊右中允。明陶宗儀《書史會要》曰：「平仲善書法。」

**龍鐔**（生卒年不詳），字德剛，江西萬載人。年十九，選入南宮，太祖召對稱旨，命隨春坊官分班直講，擢浙江按察使，為

忌者所中，左遷歸。後為晉王濟熺左長史，委以兵事。朱棣興兵靖難，征晉兵，鐔泣拒不從。朱棣即位，械鐔下獄，不屈死。明吳敬《萬載縣誌》曰：「德剛問學賅博，長詩文，善草、隸。」

**鄒緝（生卒年不詳）**，字仲熙，自號素庵。明江西吉水人。據《明史》卷一百六十四載，鄒緝於洪武中舉明經，除星子縣訓導。永樂初入為翰林檢討，歷官左春坊左庶子。其在東宮，所陳皆正道，卒於官。鄒緝居官勤慎，清操如寒士。博極群書。明陶宗儀《書史會要》稱其「精楷書」。

**黃勉（生卒年不詳）**，字宗勉，江西浮梁人。洪武中應善書詔，擢兵科給事中，坐事免。永樂初，起為都事，進文選郎，終浙江左參政。明汪宗伊《浮梁縣誌》曰：「黃勉字宗勉，工書翰，長於律詩。」

**高妙瑩（生卒年不詳）**，字叔琬，解縉之母。江西吉水人。擅書小楷。明何喬遠《名山藏》曰：「叔琬通經、史、傳記，善小楷，曉音律、算數，女工極其敏妙。」

**張羽（1333-1385）**，字來儀，號靜居，後以字行，更字附鳳。潯陽（今江西九江）人。從父官江、浙，卜居吳興。元末與徐賁相約避居湖州蜀山（在今浙江吳興），領鄉薦，為安定書院山長。洪武四年後征至京師。因應對不稱旨，放還。再征，授太常司丞。洪武帝曾親述滁陽王事實，命張羽撰寫廟碑。洪武十八年（1385），因坐事謫放嶺南，未半道召還。張羽自知不免於難，遂自沉龍江，卒年五十三歲。著有《靜居集》四卷，及《張來儀先生文集》《靜庵張先生詩集》等。事見《明史》卷二百八十五。張羽好著述，工詩文，善書畫，且多有建樹。《御選宋金

元明四朝詩》卷九十六載其《蘭室詠》二首：其一云：「泛露光偏亂，含風影自斜。俗人那解此，看葉勝看花。」其二云：「能白更兼黃，無人亦自芳。寸心原不大，容得許多香。」此二首描寫蘭葉、蘭花的風姿神韻，深受後人贊許。

張羽以詩文名世，時與高啟、楊基、徐賁齊名，並稱「吳中四傑」，以配唐之王、楊、盧、駱。《御定佩文齋書畫譜》卷四十引汪砢玉《珊瑚網》語曰：「張羽好著述，文辭典雅，記載行事，詳而有禮。」張羽書法亦具特色，其隸書取法唐人韓擇木，楷書則有右軍《曹娥碑》意趣，行書則遠師魏晉，近法唐宋，筆力勁健，瘦硬挺拔。《御定佩文齋書畫譜》卷四十引明王世貞《弇州山人稿》曰：「張羽隸法韓擇木。」同書引明詹景鳳《詹氏小辨》曰：「楷法右軍《曹娥碑》，雖未精極，卻能離俗而入於雅。」同書引明李日華《六研齋三筆》曰：「來儀書法纖婉有異趣，仿佛謝莊《月賦》。」同書引明陶宗儀《書史會要》曰：「張羽喜臨蘭亭帖。」

《懷友詩卷》（圖 1-58），紙本行書。縱十八點二釐米，橫一百三十點四釐米。為張羽三十五歲時所作，曾經明朱曰藩、李肇亨等遞藏，清朝時入乾隆內府，《石渠寶笈續編》有著錄。現藏故宮博物院，又見《三希堂法帖》。此卷系應「苔軒高士」所屬，書錄懷友詩二十三首。張羽既借詩懷想友人，更是自剖心跡，正如其所作《蘭花詩》云：「能白更兼黃，無人亦自芳。寸心原不大，容得許多香。」從用筆和體勢上看，既有王羲之《蘭亭序》的灑脫俊朗，又有歐陽詢《張翰帖》（包括《夢奠帖》）的清逸挺拔，也多少摻入了趙孟頫秀媚清婉的書風。然而，儘管

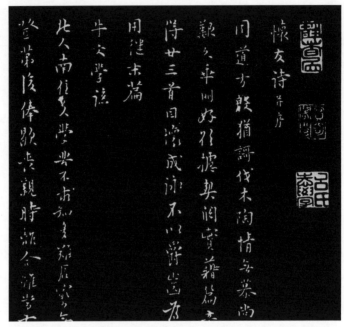

▲ 圖 1-58　張羽《懷友詩卷》局部

　　熔冶眾家卻不主故常，更多的還是放筆直書，自抒懷抱，字裡行間洋溢著馥鬱才情與孤拗個性。此卷似用硬毫寫成，用筆迅疾果敢，線條或粗重或纖細，細者雖若「遊絲」卻有跡可循，不失力度；粗者儘管厚重，卻無板澀之弊。在該卷中，既有焦燥墨色形成的枯筆與飛白，又有行筆成誤出現的墨團或圈改。這都是腕底自然流露，毫無作態之色。而線條輕盈重拙之間，構成不同的單字，不足盈寸，穿插排列，錯落有致，活潑靈動。作品系橫披長卷，觀者從右向左緩緩賞讀，形成「橫勢」；書寫由上而下，加之結字頎長，形成「縱勢」。縱橫交錯，更增加了品藻的興致。每詩除前「序」後「跋」外，詩題獨佔一行；每首詩獨立成章，

既便於釋讀，又形成章法的對比與變化。疏朗（詩題處）如一馬平川；縝密（詩行裡）似層巒疊嶂。疏密之間，大開大闔，對比強烈，使人在領略書卷氣息的同時，又能感受到藝術自身的表現力。正如卷中「從來風骨瘦」「文采擅儒林」等詩句，儘管系張羽稱譽友人，用以評價《懷友詩卷》的書風也不失允當。康有為評價元明之際書法，認為「莫有出吳興（指趙孟頫）之範圍者」「率姿媚多而剛健少」。

　　**杜環（生卒年不詳）**，字叔循，廬陵（今江西吉安）人，後徙金陵。官至太常贊禮郎。為人謹飭，重然諾，好周人急。好學工書。明何喬遠《名山藏》曰：「國初環被薦，太祖善其書。入侍春坊，仕終太常丞。」解縉《書學傳授》稱：「叔循真書，清風蘭雪。」

　　**揭樞（生卒年不詳）**，字平仲，江西豐城人，元代揭傒斯之孫。明解縉《書學傳授》云：「至正初，揭文安公以楷法得名，傳其子汯，其孫樞，樞在洪武中仕為中書舍人。與仲珩、叔循聲名垺雲。」又曰：「揭平仲旱蛟得雨，秋雁入雲。」陶宗儀《書史會要》曰：「書正書得其家傳。」

　　**程南雲（生卒年不詳）**，字清軒，號遠齋，江西南城人。或

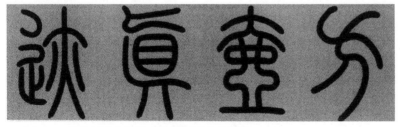

▲ 圖 1-59　程南雲題方從義《雲山圖》「方壺真跡」

以為伊川先生（程頤）之後。永樂中，以能書征，參與修纂《永樂大典》，授中書舍人。正統中（1436-1449）為南京太常卿。精篆隸，為時所尚。篆法得陳登（思孝）之傳，隸、真、草俱有古則。又善大字，嘗奉命書長陵碑。從方從義《雲山圖》卷前引首上可看到他「方壺真跡」（圖1-59）四字小篆，圓潤工穩，與李東陽等人的書寫風格不同。像這樣的篆書引首，還能從《陸游自書詩卷》上看到「放翁遺墨」四字。此外其傳世作品還見於《四體千字文》和《行書千字文冊》等，風格酷似趙孟頫。**9**

《行書千字文冊》，絹本。每頁縱四十二點二釐米，橫十九點三釐米。遼寧博物館藏。此冊書於正統六年（1441），筆勢放縱，結體略呈長形，既有傳統功力，又跳蕩瀟灑，力圖擺脫趙孟頫的影響，表現出求變求新的意識。

▲ 圖1-60　陳修《致清遠尊師七律詩》

---

**9** 黃惇：《中國書法史·元明卷》，江蘇教育出版社，2002年版，第228頁。

**陳修（生卒年不詳）**，字伯昂，明江西上饒人。從明太祖平浙東，授理官。擢兵部郎中，遷濟南知府。官至吏部尚書。書法作品有《致清遠尊師七律詩》（圖 1-60），紙本，行書。共十二行，一一九字。縱三十一釐米，橫四十八點三釐米。臺北「故宮博物院」藏。此帖運筆毫無拘束，行筆較快，筆劃挺勁，露鋒較多，雖受趙孟頫影響，但不像趙字那樣圓潤豐滿。此帖正文是一首律詩，前半部分是小序。小序的字似隨意書寫，用筆和結體都顯得輕鬆自由。正文的字，用筆和結體都較著意，可見內容對書寫形式的影響。

　　**胡儼（1361-1443）**，字若思，號頤庵，江西南昌人。胡儼生於世儒之家，自幼好學，天文、地理、律曆、醫卜等諸子百家，無所不通。明洪武二十年（1387）以舉人授華亭教諭，能以師道自任。母憂，服除，改長垣，乞便地就養，復改餘干。學官許乞便地自儼始。建文元年（1399），薦授桐城知縣。鑿桐陂水，溉田為民利。縣有虎傷人。儼齋沐告於神，虎遁去。桐人祀之朱邑祠。四年，副都御史練子寧薦於朝曰：「儼學足達天人，智足資帷幄。」成祖即位，以解縉薦，授翰林檢討，與縉等俱直文淵閣，遷侍講，進左庶子。十九年改北京國子監祭酒。宣宗即位，以禮部侍郎召，辭歸。家居二十年，方嶽重臣咸待以師禮。胡儼與他們交往，從不言及私利。他淡泊名利，生活簡樸剛夠溫飽。正統八年八月卒，享年八十三歲。胡儼是明代文學家、天文學家。有《頤庵集》。事見《明史》卷一百四十七。

　　胡儼學問淵博。是時，海內混一，垂五十年。儼館閣宿儒，朝廷大著作多出其手，重修《太祖實錄》《永樂大典》《天下圖志》

皆充總裁官。居國學二十餘年，以身率教，動有師法。胡儼還擅長書畫。他精於草書，行書矯健而蒼，楷書精熟而整。他工竹石蘭蕙，極有意致。以水墨禿筆劃羊、鹿，非常生動。明陶宗儀《書史會要》曰：「儼文辭妍贍，精於草書。」明詹景鳳《詹氏小辨》曰：「儼行書矯健而蒼，楷書精熟而整。」

▲ 圖 1-61　胡儼《歐陽修〈集古錄跋尾〉題跋》

胡儼辭官居家後，在南昌著有《灌嬰城》《豫章十景》等詩作。《題洪崖山房圖》所書七律三首，系為「洪崖山房圖」而題，中書舍人畫家陳宗淵繪。該詩表達了胡儼對歸隱洪崖、耕桑讀書、為太平之民的嚮往之情。胡儼《頤庵文集》中均未收錄，應屬集外之作。此篇書法「筆劃矯健而蒼勁，精神外露，具有俊爽雄放的風度，是胡儼五十六歲時的翰墨佳構」。

胡儼書跡還有《歐陽修〈集古錄跋尾〉題跋》（圖 1-61），行書。作於永樂十年（1412），筆力剛勁，結體楷行相間，落落大方。

**陳孔立（生卒年不詳）**，明建文年間人，楊士奇舅。《御定佩文齋書畫譜》卷四十引楊士奇《東里續集》曰：「陳孔立白水

縣丞，教人學書必謹法度，曰不精真楷不可以趨行草。然其平生未嘗作楷書，而行草特佳。士奇嘗以質焉。笑曰：汝但為魯男子，不用說柳下惠也。」

**楊子超（生卒年不詳）**，明建文年間人，楊士奇叔父。《御定佩文齋書畫譜》卷四十引楊士奇《東里續集》曰：「楊子超安貧守義，喜為詩文，工大字，名其所居齋曰蟲書。」

**李時勉（1374-1450）**，名懋，字時勉，別號古廉，以字行。江西省安福縣楓田鎮新屋場人。南唐烈祖第五子江王李景遏之後。他成童時，冬寒以衾裹足納桶中，誦讀不已。永樂二年（1404）中進士。選為庶起士，進學文淵閣。歷任刑部主事、翰林侍讀。兩次參與修《太祖實錄》。歷仕宣宗、英宗數朝，正統年間官至國子監祭酒。他性格剛正耿直，慨然以天下為己任，以直節重望，為士類所依歸。他多建議，因言不應當建都北京，違成祖意，遭讒言下獄，後釋放復職。洪熙時復上疏言事，惹仁宗怒甚幾乎被金瓜致死。宣德五年（1430）修《成祖實錄》成，升侍讀學士。正統三年（1438）修《宣宗實錄》成，升學士，掌院事兼經筵講官。六年任祭酒。督令讀書，人才盛於往時。英宗被俘，日夜悲慟。派遣孫兒上書。景泰元年（1450）卒，諡文毅。成化五年，以其孫顒請，改諡忠文，贈禮部侍郎。有《古廉集》十一卷。事見《明史》卷一百六十三。

終明世稱賢祭酒者，曰「南陳（敬宗）北李（時勉）」。李時勉擅長書法，以二王為基調，參化米芾。明何喬遠《名山藏》曰：「時勉善書，勾畫之內，聚精藏鋒，一筆不苟。」明王世貞《弇州四部稿續稿》曰：「李忠文清忠勁節，風表百世。而結法

乃婉媚而有致。」其《跋陳宗淵洪崖山房圖》法《聖教序》，端莊謹嚴。宣德六年（1431）行楷《跋文天祥行書上宏齋帖卷》（紙本，行書，縱三十九點二，橫一百四十九點九釐米，故宮博物院藏。款落後學李時勉拜手敬書）。亦純以王羲之蘭亭筆法為之。《跋李黼贈穎監詩卷》（故宮博物院藏）行書以王羲之《蘭亭序》筆法為主，加以趙孟頫之溫潤。正統十二年（1447）丁卯，李時勉七十四歲，為《米芾行書蘭亭序跋》題跋（故宮博物院藏），款落致仕國子祭酒金陵李時勉。這件晚年之作意致精雅，蘭亭筆法與米字合二為一。跋語云：「太學生陳鑒持褚遂良所臨王羲之蘭亭記一卷，後有米元章跋語，字體清瘦，俊逸可愛，觀之累日不厭，予見世所傳蘭亭帖，有定武肥瘦本不同，竊嘗疑之，今見元章云世俗所收或肥或瘦，乃是今人所作，正以此本為定，於是渙然冰釋。吁！聞見不廣，知之不真，而欲辨事物之是非，烏可得哉。」可見李時勉迥出時風，上溯二王，取意晉韻，略涉宋意的自覺追求。[10]

**羅性（生卒年不詳）**，字子理，以字行。江西泰和人。楊士奇之繼父。出生世家，性格耿直，生性高傲，洪武初舉於鄉，授德安同知，有善政。坐事謫戍西安。以博學稱，時四方老師宿儒在西安者數十人，吳人鄒奕曰：「合吾輩所讀書，庶幾羅先生之半。」年七十卒。明朱國禎《開國臣傳》稱羅性「書法鍾元常」。

**10** 蔡清德：《明永樂遷都後至萬曆時期金陵書法發展的階段性分析》，《藝術百家》，2008 年第 4 期。

**楊士奇**（1365-1444），名寓，字士奇，以字行，居東里，人
稱東里先生。江西泰和人。楊士奇年幼時，家庭貧寒，父親早
逝，其母改嫁。楊士奇隨繼父曾改姓羅。但他勤奮好學、堅韌不
拔，曾在湖廣江夏（今湖北武昌）等地授徒自給。建文初，以史
才薦，遂召入翰林，充編纂官，尋試史部第一。成祖即位，累官
左春坊大學士，進少傅。正統中進少師。楊士奇歷事五帝，輔佐
君王四十多年，一直為內閣重臣。他深得皇帝的器重和厚愛，被
賜予「繩愆糾謬」銀章，參與諮詢議事，制訂方針政策，及時糾
正失誤。從洪熙元年（1425）到正統元年（1436）出現的仁宣致
治的好形勢，楊士奇是有功勞的。尤其是宣德五年（1403），許
多地方接連遭受水旱災害，宣宗召楊士奇商議下詔寬恤，免除災
區的賦稅及所欠官馬虧額。楊士奇請求將過去舊欠賦稅和薪芻錢
一併免除，並減免官田租額，平反冤獄，淘汰工役，這幾項措施
深受民眾喜愛。史稱正統之初，朝政清明，楊士奇等之力也。

　　楊士奇愛才重才，知人善任，不拘一格舉薦人才。他推薦和
擢升了曾任工部侍郎、總督江南稅糧的理財名臣周忱，著名的清
官蘇州知府況鍾，領導北京保衛戰的兵部侍郎于謙，曾任侍講的
曹鼐等五十餘人，大都有政績、官聲好，廉冠天下，楊士奇不愧
是明代的「伯樂」和人才學家。不想這樣一位極明白事理，極通
曉大體的宰輔，卻有一個不孝之子楊稷。明代李賢所著的《古穰
集》卷三十中有一則筆記寫道：

　　　　士奇晚年泥愛其子，莫知其惡，最為敗德事。若藩臬郡
　　邑、或出巡者，見其暴橫，以實來告，士奇反疑之，必與子

書曰，某人說汝如此，果然，即改之。子稷得書，反毀其人曰，某人在此如此行事，男以鄉里故，撓其所行，以此誣之。士奇自後不信言子之惡者。有阿附譽子之善者，即以為實然而喜之。由是，子之惡不復聞矣。（《四庫全書》本《古穰集》）

其子楊稷仰仗老父親有權，傲慢無禮侵暴殺人，遭到了言官們的交章劾舉。礙於楊士奇的面子，皇上並沒有立即下旨治罪，但是接著又有人告他兒子橫虐數十、殺人數千之事，皇帝這才下令查治。年老的楊士奇為了避嫌，他以老疾告歸。正統七年，張太皇太后去世，楊士奇更失去了最堅強的後盾，面對王振勢力的膨脹，他憂心如焚，積鬱成疾。翌年九年三月卒，卒後贈太師，諡號文貞。楊士奇墓位於泰和縣上田鎮杏嶺村北山坡上。曾經被毀，最後在原地修復的楊士奇墓坐西朝東，占地約七點五畝。墓封土高二點五米，直徑十米。墓前兩邊立有石俑、石馬、石羊、石獅、石旗杆。石像前有石牌坊，中匾「與國咸休」四字為明仁宗敕賜。坊前立有華表，華表左側建有高一丈六尺的碑亭，碑刻英宗《御制楊士奇諭祭文》。墓前豎有「望碑」，正面楷書：「嗚呼太師楊文貞之墓。」背面為其生平簡介。

楊士奇是明代名臣、臺閣體詩派創始人。先後擔任《明太宗實錄》《明仁宗實錄》《明宣宗實錄》總裁。據《明史·藝文志》記載，其著作主要有《周易直指》十卷，《三朝聖諭錄》三卷，《西巡扈從紀行錄》一卷，《北京紀行錄》二卷，《東里集》二十五卷，詩三卷，《奏對錄》《歷代名臣奏議》《文淵閣書目》等。

▲ 圖1-62　楊士奇《致頤庵先生尺牘》

事見《明史》卷一百四十八。

楊士奇在文學上頗有成就，與楊榮、楊溥並稱明初臺閣體詩派的「三楊」。又以居地、郡望，時人稱為「西楊」。他是詩派盟主，他的詩歌雍容典雅，創造了一種輔揚功德，點綴太平的詩風，左右了當時詩壇。

楊士奇更是一位書法家。明陶宗儀《續書史會要》曰：士奇「善行、草，筆法古雅而少風韻」。明豐坊《書訣》認為「士奇書學二王」。明代書體以行楷居多，未能上溯秦漢北朝，篆、隸、八分及魏體作品幾乎絕跡，而楷書皆以纖巧秀麗為美。至永樂、正統年間，楊士奇、楊榮和楊溥先後入直翰林院和文淵閣，寫了大量的制誥碑版，以姿媚勻整為工，號稱「博大昌明之體」，即「臺閣體」。士子為求干祿也競相摹習，橫平豎直十分拘謹，缺乏生氣，使書法失去了藝術情趣和個人風格。其書法作品有《致頤庵先生尺牘》（圖1-62），紙本，楷書。刊於日本《書道全集》（十七）。此帖點畫清秀挺拔，轉折輕便明確，

善於組織長短縱橫的直筆，單純中見變化。結體平正中寓欹側，精嚴而不板滯。章法上，字距行距較寬，尤其是行距特別疏朗，自有新意。

　　**梁潛**（1366-1418），字用之，號泊庵，蘭子。江西泰和澄江鎮西門梁家人。梁潛少年時從王子啟學《詩經》，又從陳仲述學古文。洪武二十九年（1396）鄉舉，授四川蒼溪訓導。歷任廣東四會、陽江、陽春知縣，以為政清廉著稱，深得民心。明成祖朱棣即位後召修《太祖實錄》。書成，授翰林修撰，升侍讀。不久，兼右春坊右贊善，代鄭賜總裁《永樂大典》。成祖巡視北京，屢派驛使召為隨從。永樂十五年（1417），成祖再次巡視北京，由太子朱高熾監國。成祖親自為其挑選侍臣，翰林院僅選楊士奇，以梁潛副之。太子高熾贈給梁潛詩一首：「侍從有嘉士，朝端斯得人，夙昔自卿至，接見情益親。旦夕資論納，豈獨詞華新。仲冬風日暄，和氣如陽春。湛湛樽中酒，歡然對良晨。」稱讚他不但文章清新，而且品德優良。有廷臣陳千戶者，索取民財，成祖下令流放交趾（越南）。數日後，太子念他曾有軍功，寬免放回。有人向成祖進讒說：「皇上所流放的罪人，被太子釋放了。」成祖聞言大怒，下令將陳千戶殺掉。事情牽連到梁潛和司諫周冕，二人被押解到了北京，成祖親自審問。梁潛等如實述說。成祖對楊榮和呂震說：「這事怎能完全由梁潛負責！」但是，終因沒有人為他辯白，都被關入監獄。後有人控告周冕放肆無禮，梁潛同周冕一起被殺。梁潛妻子楊氏痛惜梁潛死於非命，絕食而死。著有《泊庵集》十六卷。事見《明史》卷一百五十二附鄒濟傳。

梁潛為文體格清雋，兼有縱橫浩瀚之氣。明王世貞《國朝明賢遺墨》有梁潛書。

**金幼孜**（1366-1431），名善，字幼孜，以字行，號退庵。江西新淦（今江西省峽江縣羅田鎮徘山村）人。建文二年（1400）進士，授戶科給事中。成祖即位，改翰林檢討，與吉水學士解縉等同直文淵閣，遷侍講，為太子講學。金幼孜講授《春秋》而進呈《春秋安旨》三卷。永樂五年（1407）遷右諭德兼侍講；仁宗即位，拜戶部右侍郎兼文淵閣大學士。不久加太子少保兼武英殿大學士。洪熙元年（1425）進禮部尚書兼大學士、學士如故，支領三俸。尋乞歸省母。宣宗立，詔起復，修纂永樂、洪熙兩朝實錄，充總裁官。宣德六年十二月卒，贈少保，諡文靖，葬暮膳山。金幼孜是明朝大臣。著有《北征詩》《北征錄》《金文靖集》，後人集其遺文輯成《文靖公全集》傳世。事見《明史》卷一百四十七。

金幼孜簡易靜默，寬裕有容。眷遇雖隆，而自處益謙。名其宴居之室曰「退庵」。時翰林坊局臣講書東宮，皆先具經義，閣臣閱正，呈帝覽，乃進講。解縉《書》，楊士奇《易》，胡廣《詩》，幼孜《春秋》，因進《春秋要旨》三卷。金幼孜善書法，明楊士奇《東里集》卷二十二《太子少保禮部尚書武英殿大學士贈榮祿大夫少保諡文靖金公墓誌銘》曰：幼孜「學賅博，文章和平寬厚，類其德性，書兼工真、行」。金幼孜書法作品如《與文軒書帖》（圖 1-63），此帖遠承王羲之行書，筆劃圓勁清秀，結體開合自如，佈局上密下疏，氣韻酣暢。

**胡廣**（1370-1418），字光大，江西吉水人。建文二年廷試，

因對策討燕，胡廣對策有「親藩陸梁，人心搖動」語，建文帝親擢胡廣為第一，賜名靖，授翰林修撰。靖難之役後，成祖即位，胡廣複名廣，偕解縉迎附明成祖。他兩次隨成祖北征，甚受寵遇。擢侍講，改侍讀。遷右春坊右庶子。永樂五年（1047），進翰林學士，兼左春坊大學士。十四年，進文淵閣大學士，兼職如故。永樂十六年

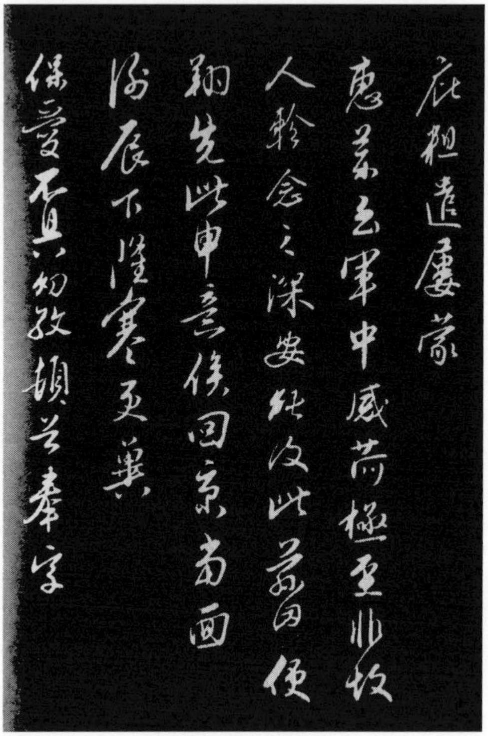

▲ 圖 1-63　金幼孜《與文軒書帖》

五月卒，贈禮部尚書，諡文穆。明朝文臣得諡號，自胡廣始。胡廣是明代大臣，書法家。曾奉命參修《五經四書大全》。著有《胡文穆集》。事見《明史》卷一百四十七。

胡廣行事謹慎，心思細密，任內閣首輔十一年間，兩次隨成祖朱棣北征，隨其左右，深得朱棣信任，阻止了成祖封禪的意圖，並進言停止在民間追查建文帝舊臣及家眷，平息諸多冤獄，關注百姓疾苦，成為永樂盛世的重要締造者之一。時人以把他比作東漢德高望重的學者胡廣。

胡廣善書法，有說成祖每刻石，皆令廣書之。明雷禮《列卿記》曰：廣「尤工書法，行、草之妙獨步一時」。明金幼孜《北征錄》曰：「上次玄石坡，登頂制銘刻石，命光大書，並大書玄石坡立馬峰六字，書無巨筆，鉤以小羊毫。次捷勝岡，上令光大書捷勝岡于石，上多雲母石，並書刻曰雲母山。」明王世貞《藝苑巵言》曰：「胡文穆善真、行、草，名不及解大紳而遇過之，北征諸鎮，皆其勒石。」故宮博物院存有代表明代宮廷書法的「臣」字款作品，一個是胡廣《楷書題祭韓公茂文頁》，一個是楊榮《楷書題祭韓公茂文頁》。這兩幅作品是胡廣、楊榮在永樂年間所作，值臺閣體最盛行時期，顯示了勁健開張，端穩規範的書法風格。

北京故宮博物院藏有胡廣為同僚胡儼之「洪崖山房」而作的七言詩《題洪崖山房圖詩》，鈐「胡光大」「晥庵」「好古」印。鑒藏印有「安儀周家珍藏」「潘厚審定」「南海伍氏南叟秘笈印」「顧崧」「張珩私印」等共計十方。

釋文：

平生不慕洪崖仙，為愛洪崖好山水。先生家住豫章城，志在洪崖白雲裡。

洪崖山高幾千丈，遙與匡廬屹相向。三秋煙雨入溟漠，六月陰崖氣蕭爽。

晴虹掛天飛瀑泉，臨風灑落聲淙然。上有仙翁煉丹井，下有仙童種玉田。

　　玉田可耕水可漁，春來筍蕨堪為菹。黃精可煮聊自鋤，春秫釀成不用沽。

　　嫩茶新烹香出壚，柴關日掩無人呼。許令門前應咫尺，坐挹西山看畫圖。

　　謝卻紅塵此中老，長松之下安茅廬。只今作官未可去，要竭丹衷報明主。

　　他年力衰始謁還，移家便向紅崖山住。收拾殘書教子孫，女躬杼機男當門。

　　太平無事樂熙皞，白首謳歌答聖君。


　　時人楊士奇評胡廣書：「光大行草跌宕雄偉，獨步當世。」此作品創作於明永樂十三年（1415）冬，胡廣時年四十六歲。

　　**曾棨**（1372-1432），字子啟，號西墅，江西吉水人，一作永豐龍潭人。永樂元年（1403）考中舉人，二年擢進士第一，授翰林修撰，讀書文淵閣，帝愛其才。廷試對策，永樂批云：「貫通經史，識達天人，有忠愛之誠，擢魁天下，昭我文明。」宣宗時為少詹事，贈禮部左侍郎。永樂三年，參加編修《永樂大典》，擔任副總裁，凡二二八〇〇卷，順利告成。朝中諸大著作，除解縉、胡儼外，多出其手。卒于宣宗宣德七年（1432），諡襄敏。曾棨是文學家、詩人、書法家。著有《西墅集》《南昌八景組詩》，廷對《梅花詩百首》最為著名。事見萬斯同《明史列傳》卷二百一。

　　曾棨為文如泉湧，一瀉千里，館閣中諸大製作，多出其手。曾棨工書法，尤擅草書，當時負有盛名。明鄭曉《吾學編》曰：

「子棨工書法，草書雄放，有晉人風，自解、胡後，獨步當世。」《御定佩文齋書畫譜》卷七引曾棨論學書之語云：「大抵作書須結體平正，下筆有源，然後伸之以變化，考之以奇崛，則人心隨意皆合規矩矣。」對後世有一定影響。曾棨書法作品有《天馬賦》《贈王孟安詞》等。

《天馬賦》（圖1-64），紙本，行書。縱三十六點五釐米，橫三百七十點五釐米。臺北「故宮博物院」藏。又見《三希堂法帖》五冊二〇九四頁。此帖書於永樂十二年（1414），筆劃清勁秀美，結體險峻多變，神采豪放恣肆，跌宕起伏中時時流露出濃厚的書卷氣。

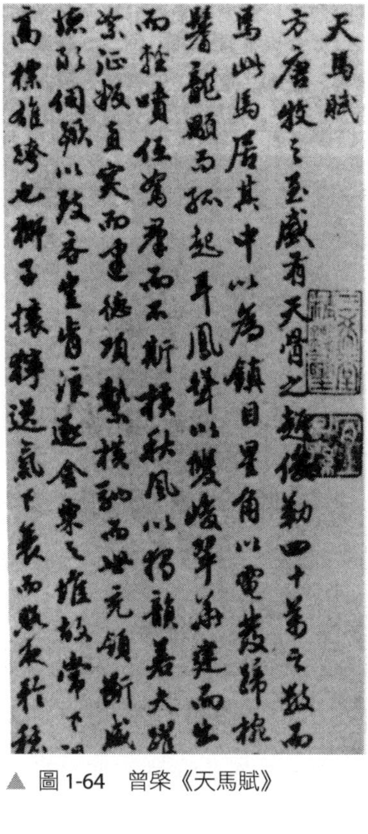

《贈王孟安詞》，紙本，冊頁，行書，縱二十九釐米，橫三十九釐米，十四行，一百五十六字。北京故宮博物院藏。此帖書於明永樂十三年（1415）冬，曾棨時年四十四歲，官翰林院侍講。內容為自作詞《蘇武慢》一闕，贈湖州筆工王孟安，表現書法家與筆工之間良好的合作關係。該書法運筆流利，結體略呈敧側之勢，風格俊健明快，與明初宋璲、解縉等人富於個性的書風

▲ 圖1-64　曾棨《天馬賦》

相呼應。

朱權（1378-1448），字臞仙，號涵虛子、丹丘先生，自號南極遐齡老人、大明奇士，原籍濠州鐘離（今安徽鳳陽）。朱元璋第十七子，齒序第十六子。卒諡獻，又稱寧獻王。

朱權自幼體貌魁偉，聰明好學，人稱賢王奇士。十五歲時，封於大寧（今屬內蒙古赤峰市寧城縣），稱寧王。朱元璋命他與燕王朱棣等王子節制沿邊兵馬，防禦蒙古。洪武三十一年（1398），朱元璋死，皇孫朱允炆即位，是為建文帝。次年，即建文元年（1399）朱棣進軍南京，發動了長達四年的靖難之役。朱棣起兵前，脅迫朱權出兵相助，並許以攻下南京後，與他分天下而治。經過四年戰爭，朱棣打敗建文帝，奪取了政權，即皇帝位，是為明成祖，年號永樂。朱權恃「靖難」之變有功，頗驕恣。朱棣即位後，非但隻字不提分治天下，而且還將朱權從河北徙遷至江西南昌，盡奪其兵權，朱權時年二十五歲。見《明史》卷一百十七《諸王列傳》。

朱權是明代著名的道教學者，修養極高，被改封南昌後，深感前途無望，即韜光養晦，托志沖舉，多與文人學士往來，寄情於戲曲、遊娛、著述、釋道，結交道家第四十三代天師張宇初，拜為師，研習道典，弘揚道教義理。朱權於南昌郊外構築精廬，曾於西山緱嶺（今屬南昌市）創建道觀與陵墓，成祖朱棣賜額「南極長生宮」。所撰道教專著《天皇至道太清玉冊》八卷，成書於正統九年（1444），收入《續道藏》。

朱權多才多藝，自經子、九流、星曆、醫卜、黃老諸術皆具，且戲曲、歷史方面的著述頗豐，有《漢唐秘史》等書數十

種，堪稱戲曲理論家和劇作家。所作雜劇今知有十二種，現存有《大羅天》《私奔相如》兩種。朱權善古琴，編有古琴曲集《神奇秘譜》和北曲譜及評論專著《太和正音譜》。朱權耽樂清虛，悉心茶道，將飲茶經驗和體會寫成《茶譜》。《御定佩文齋書畫譜》卷二十引明陶宗儀《書史會要》曰：朱權「神姿秀朗，慧心天悟。始能言，自稱奇士，好古博學，旁通釋老，著述甚富，兼善書法，著《書評》一卷」。

**王英**（1376-1450），字時彥，號泉坡。江西金溪興賢坊人。永樂二年（1404）進士，選庶起士，讀書文淵閣。帝察其慎密，令與王直書機密文字。與修《太祖實錄》，授翰林院修撰，進侍講。正統初累擢南京禮部尚書。卒於代宗景泰元年（1450），賜祭葬，諡文安。王英是明朝前期詩人，著名書法家。有《泉坡集》。事見《明史》卷一百五十二。

王英端凝持重，歷仕四朝。參加修撰《太祖實錄》《文宗實錄》《仁宗實錄》等，並擔任《宣宗實錄》總裁。《明史》載宣宗嘗謂英曰：「洪武中，學士有宋濂、吳沉、朱善、劉三吾，永樂初，則解縉、胡廣。汝勉之，毋俾前人獨專其美。」

《御定佩文齋書畫譜》卷四十一引《書畫記》曰：時彥「文章典贍，尤善草書」。《明史》稱其在翰林四十餘年，屢為會試考官，朝廷製作多出其手，四方求銘志碑記者不絕。王英書法成就極高，不但善草書，而且擅長八分書（隸書），世人論其書法「筆意縱放，有懷素風味」，向他求索墨翰者接踵而至，以至不能停筆。據傳明成祖曾下令用金釧束縛其手，賜金鎖加封，到應

制時始啟封。當時傳為美談。[11]

　　李禎（1376-1452），字昌祺，又字維卿，多稱李昌祺。江西盧陵（今江西吉安）人，或作安化人。永樂二年（1404）中進士，洪熙元年（1425），以才望卓異，遷廣西布政使。後又任河南布政使。選翰林院庶起士，曾參與修撰《永樂大典》，擢禮部郎中。景泰二年卒。李昌祺一生剛嚴方直，素抑豪強，以廉潔寬厚著稱。家居二十餘年，足跡不至公府。著作有《運甓漫稿》《容膝軒草》《僑庵詩餘》，又仿瞿佑《剪燈新話》作《剪燈餘話》，藉以抒寫胸臆。事見《明史》卷二百二十一。明陶宗儀《書史會要》云：「昌祺不以書名，行、楷亦可觀。」

　　孫鼎（生卒年不詳）。字宜鉉。明江西盧陵人。由鄉舉為松江府教授，以孝弟立教。正統年間薦擢為御史，督南畿學政。孫鼎與吉水劉觀、李中齊名，有「吉水三先生」之稱。孫鼎擅長書法，傳世作

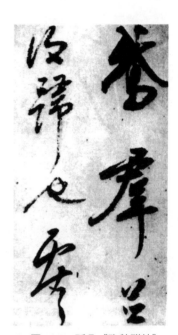

▲ 圖1-65　孫鼎《臨鵝群帖》

---

**11** 李國強、傅伯言主編：《贛文化通志》，江西教育出版社2004年版，第552頁。

品有《臨永禪書跋》《臨鵝群帖》《臨陶潛與子儼等疏》。

《臨永禪書跋》，紙本，行書。共十三行。臺北「故宮博物院」藏。此帖筆力剛勁挺拔，結體內緊外放，墨色燥潤交替，精神外曜，氣足力強。

《臨鵝群帖》（圖1-65），紙本，草書。每幅十行，每行字數不一。臺北「故宮博物院」藏。此帖完全打散王獻之原帖的格局，一開為十，對王獻之原帖進行了放大處理，字距、行距疏鬆，用墨乾燥，顯得蒼老有餘而滋潤不足。

《臨陶潛與子儼等疏》，紙本，行書。冊頁，共五幅。每幅縱十八點九釐米，橫十三點四釐米。臺北「故宮博物院」藏。此帖用筆堅厚凝重，墨色富有燥潤枯濕的變化結體奇崛雄強，章法疏朗，節奏跳蕩，是學習米芾書法的成功之作。

**王直**（1379-1462），字行儉，號抑庵，江西泰和人。永樂二年（1404）進士，正統中為吏部尚書，卒，贈太師，諡文端。著有《抑庵文集》，收錄《四庫全書》中。明雷禮《列卿記》曰：「王直字行儉，

▲ 圖1-66　王直《與南雲書帖》

號抑庵，與王文安公英齊名，時稱『二王』。」明陶宗儀《書史會要》云：「王直善行、楷，結構老成，筆法精妙。」事見《明史》卷一百六十九。王直傳世書跡有《題文同墨竹圖》《與南雲書帖》（圖 1-66）。

《與南雲書帖》，行書。收於《正續三希堂法帖》五冊。此帖用筆精到，筆劃圓潤勁健，結體端莊秀逸，顯示出深厚的筆墨功底。

**熊概**（1385-1434），字元節。江西吉水縣文峰鎮七里灣村人，另一說江西豐城人。明大臣。永樂九年（1411）中進士。由於他為人正直，為官清廉，七年後，即洪熙初升為廣西按察使，巡視南畿，懲治豪強惡霸，建議朝廷興利除弊。宣德元年（1426），熊概升大理寺卿。他處事果斷，疾惡如仇，執法嚴明，在任五年，常到各省去訪察民情。宣德中還朝，官至右都御史，兼刑部尚書。宣德九年（1434）十月卒。宣宗下詔賜以公祭，然後派官員護送靈柩回吉水治喪。明過庭訓《分省人物考》曰：「元節為詩文豪偉健麗，尤善草書。」

**吳與弼**（1391-1469），字子傳，號康齋，溥子。江西崇仁人。吳與弼生於官宦之家，從六歲到十八歲，一直攻讀詩、禮等舉子學業。年十九歲時，見朱熹撰著的《伊洛淵源圖》，慨然向慕，遂放棄科舉，苦讀《四子》《五經》洛、閩諸錄，不下樓者數月。他推崇程朱，注重「靜時涵養，動時省察」。中年躬耕讀書，「本之以小學、四書，持之以躬行實踐」。正統十一年，山西僉事何自學薦於朝，請授以文學高職，天順元年（1457），石亨欲引賢者為己重，謀於大學士李賢，屬草疏薦之。天順初授左

春坊左諭德，兩個月後藉口有病，回鄉講學。他嘗言：「宦官、釋氏不除，而欲天下之治，難矣。吾庸出為？」吳與弼是明代理學家、教育家，為「崇仁學派」的創始人。著有《康齋文集》《日錄》等。事見《明史》卷二百八十二。他所創立的《崇仁學案》在《明儒學案》中被列為第一個學案。他的一生弟子眾多，最著名的有胡居仁、陳獻章、婁諒，其次為胡九韶、謝複、鄭伉。稍後的著名哲學家王陽明、湛若水等還是他的再傳弟子。學者稱之為「康齋先生」。吳與弼善書，明陳繼儒《書畫史》曰：「康齋書跡奇怪，自成一家。」

**王艮（？-1402）**，字欽止，一作敬止，江西吉水人。建文二年（1400）進士。對策第一。貌寢，易以胡靖，即胡廣也。艮次之，又次李貫。三人皆同里，並授修撰，如洪武中故事，設文館居之，與修《太祖實錄》《類要》《時政記》等，又數上書言時務。燕兵薄都城，服腦子卒。福王時諡文節。明何喬遠《名山藏》曰：「欽止為人，正身飭色，不可玩狎，詩詞警永，字畫精妙，為文雄偉光彩。」事見《明史》卷一百四十三。

**吳餘慶（生卒年不詳）**，字彥積，別號斯白，江西宜黃人。永樂六年（1408）以文聲薦入京，選入閣院，參編《勸善書》和《性理大全》二書。書成，除中書舍人，授征仕郎，後改任右春坊，擢右通政參議，再升右通政，屢兼知制誥，授中憲大夫。吳餘慶為人正派，為官清廉，不畏權貴，是非分明。他從政四十餘年，不入權貴之門，回歸故里時，隨身所帶僅皇上所賜書籍。吳餘慶是明初詩人、書法家，學識淵博，才華出眾。寫詩技巧高超，詩風清麗可人。他亦擅書法，尤精楷草。《宜黃縣誌》說他

「凡金銀寶冊、鐵卷、誥敕、禦制詩文，多奉敕書之，應制賦詩，每蒙獎諭，御賜龍紙筆墨」頗多。著有《斯白集》《流芳集》，均未見。《明詩紀事》《江西詩征》存其詩二首。明黃漳《宜黃縣誌》曰：「吳餘慶別號斯白。能詩文，尤善真、草、篆、隸。永樂六年，以薦除中書舍人，歷右通政，兼知制誥，評者謂其楷如美女簪花，草如瑞雲飛空，流水赴壑。」《御定佩文齋書畫譜》卷十引《明祝允明書述》曰：「宜黃吳餘慶，昆山衛靖，少自出塵，趣向甚正，恨不廓且老耳。」

張順（生卒年不詳），明江西奉新人。明陶宗儀《書史會要》曰：「張順永樂中累官國子監丞，學者稱為『誠齋先生』，工草書，入妙品。」

曹壽（生卒年不詳），字曼齡，江西豐城人。明盧廷選《南昌府志》曰：「曼齡文章雅贍，尤工臨池。永樂八年（1410）以經明行修薦，授江都訓導，擢春坊右司諫，歷工部尚書，贈太子少保，諡文莊。」

龐斂（生卒年不詳），字明斂，明江西吉水人。善書。楊士奇《東里續集》卷三十七《故奉議大夫禮部儀制郎中龐君墓誌銘》曰：「永樂初，詔郡縣舉善書士隸兩制書制敕，又簡其尤者十數人，從學士於內閣，而出禁中古法書名跡，俾進其能，明斂與焉。」「除中書舍人。」「洪熙初，為禮部儀制郎中。」

錢習禮（生卒年不詳），名干，以字行，明江西吉水人。永樂七年（1409）進士，入翰林為庶起士。與修《宣宗實錄》。正統中，為禮部右侍郎。時王振用事，達官多出其門，習禮恥不為，乞歸。卒，諡文肅。習禮篤行誼，好古秉禮，動有矩則。明

陶宗儀《書史會要》曰：「習禮善行、草。」

**吳伯理（生卒年不詳）**，號巢雲子，明廣信（今江西上饒）人。道士。《御定佩文齋書畫譜》卷四十四引《皇明書畫史》曰：吳伯理「居廣信龍虎山，永樂中來郡訪張三豐，後居嘉定之鶴鳴山，博通經、史，工詩書，精篆、隸」。亦善畫枯木竹石。

**解楨期（生卒年不詳）**，江西吉水人，解縉兄解綸之子。永樂年間，縉坐事下獄，籍其家徙邊，後召還。仁宗洪熙年間，楨期任中書舍人。明何喬遠《名山藏》曰：楨期「縉之從子也，以善書選天下第一。仁宗召為中書舍人」。明王世貞《續明名賢遺墨跋》曰：「楨期書疏雋自喜，不失春雨（解縉）門風。」《明史》卷一百四十七《解縉傳》曰：「縉兄綸，洪武中，亦官御史，性剛直。後改應天教授。子楨期，以書名。」

**胡子昂（生卒年不詳）**，自號竹雪，明江西盱江（今江西南豐）人。自號竹雪。他與中國歷史上的第一部禁毀小說《剪燈新話》有很大的關係。胡子昂任四川蒲江尹時，偶然在書記官田以和處發現了《剪燈錄》抄本的四卷原稿，非常珍惜。永樂十八年（1420），胡子昂調任到離保安一百里的興和任事，特地找到瞿佑，將四卷原稿親自交還給他，讓他重新校訂，付梓刊行。但因為《剪燈新話》所錄故事大多內容怪異、思想異端，所以被官方明文禁毀。明瞿佑《歸田詩話》曰：「子昂能詩善書，字體逼趙松雪。」

**黃守一（生卒年不詳）**，明江西安福人。《御定佩文齋書畫譜》卷四十引明解縉《解學士集》曰：守一「以貲豪閭門，為人所誣陷，亡匿新淦之玉笥，撫之太華，遇異人，頗得其道家書符

咒之屬。喜為詩，學唐人楷書」。

**胡正（生卒年不詳）**，字端方，明江西廬陵（今江西吉安）人。官御史。明陶宗儀《書史會要》曰：「端方草書用筆如篆。」

**俞行之（生卒年不詳）**，字文輔，江西清江（今江西樟樹）人。《御定佩文齋書畫譜》卷四十引《皇明書畫史》曰：文輔「善草書及章草，俱工妙」。

**陳肅（生卒年不詳）**，號梅雪，明江西清江（今江西樟樹）人。明陶宗儀《書史會要》曰肅能書。

**胡鐘（生卒年不詳）**，字應律，號澹庵，明撫州豐城（今江西豐城）人。《御定佩文齋書畫譜》卷四十一引明魯鐸《文恪公集》語曰：「應律好學，工書法，以山水琴書自娛，封監察御史。」

**陳謨（生卒年不詳）**，字古訓，晚號春穀，明江西南昌人。官給事中。陳謨青年時期楷書就寫得非常好，二十歲時被《永樂大典》主編解縉選中，進京纂寫。幾年後升任四川右參政。由於他才德出眾，永樂八年（1410），兵科給事中高旭和進賢縣知縣佘曜請解縉題寫「晝錦」為陳謨立坊。晝錦坊現仍存在江西省南昌市進賢縣七里鄉羅源陳家村。明陶宗儀《書史會要》曰：「古訓善書。」

**蕭端嶽（生卒年不詳）**，字鎮之，明江西泰和人。明陶宗儀《書史會要》曰：「鎮之工篆書。」

**計禮（生卒年不詳）**，字汝和，號懶雲，江西浮梁人。英宗天順年間（1457-1464）進士，選庶起士，才藝辨洽，終刑部郎中。工書，善墨菊，雅玩狂草，人所不及。（見《御定佩文齋書

畫譜》卷五十六）

詹希原（1370 年前後在世），初名希元，字孟舉，號逸庵、丙寅訥叟。詹同從孫。江西婺源人。元末任善用庫大使，明洪武初年任鑄印局副使，後升為中書舍人。以書法名世。善大書，其書法有歐陽詢、虞世南、顏真卿、柳公權之法，時京師宮殿及城門坊匾皆其所書。解縉《文毅集》卷十五《書學源流詳說》曰：詹希元「號逸庵、丙寅訥叟，幼從父官勝國，至洪武初，為鑄印副使，後官中書舍人」。《御定佩文齋書畫譜》卷十引《明祝允明書述》雲：「詹（希元）解（縉）鳴於朝，盧（熊）周（砥）著於野。」同書卷四十引詹景鳳《詹氏小辨》曰：「希元署書，於端重嚴整中，寓蒼勁雅秀之趣，是為難能耳。若小字則稍熟媚。」同書卷四十引李文鳳《月山叢譚》曰：「詹孟舉嘗作太學集賢門，字畫遒勁，第用趲，太祖見而怒曰：安得梗吾賢路，遂削其趲。」同書卷四十引《書畫記》曰：「希元善大書，兼歐、虞、顏、柳，凡宮殿城門坊匾，皆希元書。」明葉盛《水東日記》曰：「詹孟舉篆書⋯⋯用筆絕類泰不華《王貞婦碑》。」《御定佩文齋書畫譜》卷八十引楊士奇《東里集》云：「國朝大字，希元為第一，蓋兼歐虞顏柳之法，而有冠冕佩玉之風者也。」

一三六〇年詹希原創制了一種與西洋十七世紀的機械鐘已相差無幾的機械計時儀器「五輪沙漏」。流沙從漏斗形的沙池流到初輪邊上的沙鬥裡，驅動初輪，從而帶動各級機械齒輪旋轉。最後一級齒輪帶動在水平面上旋轉的中輪，中輪的軸心上有一根指標，指標則在一個有刻線的儀器圓盤上轉動，以此顯示時刻，這種顯示方法幾乎與現代時鐘的表面結構完全相同。此外，詹希原

還巧妙地在中輪上添加了一個機械撥動裝置，以提醒兩個站在五輪沙漏上擊鼓報時的木人。每到整點或一刻，兩個木人便會自行出來，擊鼓報告時刻。這種沙漏脫離了輔助的天文儀器，已經獨立成為一種機械性的時鐘結構。宋濂為此撰寫了一篇《五輪沙漏銘》。

**劉仲珩（生卒年不詳）**，江西泰和人。明洪熙年間，官蜀府長史。明陶宗儀《書史會要》曰：「仲珩工正書，有《書法要覽》，刻石行世。」

**袁彬（1401-1488）**，字文質，江西新昌縣義鈞鄉（今宜豐縣澄塘鎮秀溪村）人。袁彬出生近侍家庭，自幼聰穎，能詩善文。其父袁忠，建文四年（1402）被選為錦衣衛校尉，在宮中近四十年，一直當皇帝的近侍。正統四年（1439）袁忠辭疾家居，以三十九歲之子袁彬代其校衛職。正統末袁彬以錦衣校尉扈駕北征，土木之變，從官奔散，獨袁彬隨侍，不離左右。還京，代宗授袁彬錦衣試百戶。袁彬護駕北征，深得史家的讚賞，家鄉人民也為他建了兩座「保駕樓」（遺址在今新昌二小內），以紀念他的護駕大功，袁彬將這次護駕的始末寫成了《北征事蹟》一書，收入《四庫全書》中，《豫章叢書》亦收錄。景泰八年（1457）正月，代宗病危，袁彬輔佐英宗復辟、改年號為天順。袁彬從錦衣試百戶升為都指揮使（錦衣衛最高長官）。弘治元年（1488）袁彬逝世時朝廷賜給他光祿大夫上柱國左軍都督，母、妻都誥封為一品夫人。《明史》卷一百六十七有傳。袁彬能書，明何喬遠《名山藏》曰：「英宗北狩，以校尉見上，察其能書，留之。」

**聶大年（1402-1456）**，字壽卿，江西臨川人。景泰間用薦起

為仁和訓導，宣德末薦授仁和教諭。景泰六年（1455）以修史征入翰林，不久病逝。聶大年是明代文學家，博通經史，亦善詩、詞。著有《東軒集》行世。事見《明史》卷二百八十六。聶大年當時以填詞著稱，但其多數詞作內容偏枯，風格綺靡，境界狹小，實際成就並不顯著。只有少數詞作尚能較形象地吐露情愫。聶大年的詩歌，氣骨與其詞相仿。《堯山堂外記》認為他的《題畫》詩中「玉樓人醉東風晚，高卷紅簾看杏花」是「真詞筆也」，可以說明他的詩的特點。聶大年的書法取法李邕、趙孟頫。《明史》稱其書曰：「書得歐陽率更法。」除此而外，其書旁及宋米芾、元趙孟頫等，筆法勁健，俊爽不凡，頗得清淡閑趣。《中國古代書畫圖目》錄聶大年節法作品真跡僅存四幅，十分珍貴。故宮博物院所藏《煩求帖》為紙本，行書，縱二十二點六釐米，橫三十三點八釐米，是聶大年給「從理老友」的短札，寫得非常隨意，筆沉墨酣，顯示了宋人書法餘韻，在很大程度上彌補了明初以來書法秀逸靡弱、固守「臺閣」的不足，在實用的信札之中，表現出濃郁的個人情趣之美，極為難得。明姜南《蓉塘詩話》曰：大年「博涉群書，篤意古文及唐人詩，書法李北海，其名傳於遐邇。」明詹景鳳《詹氏小辨》曰：「大年書法趙承旨，能自運，俊爽可愛。」他畫山水，宗高克恭，落墨不凡。

　　**劉實（？-1461）**，字嘉秀，號敬齋，江西安福人。宣德五年（1430）舉進士，居三年，選庶起士。正統初，授金華府通判。母喪歸，廬墓三載，起順天府治中。景泰時，侍臣薦其文學。天順初，還原任，四年擢知南雄府，忤權要，瘐死獄中。嘗召修《宋元通鑒綱目》。劉實為人耿介，意所不可，雖達官貴人不稍

遜，頗自是，見同曹所纂不當，輒大笑，聲徹廷陛，人亦以此忌之。後於獄中上書言：「臣官三十年，未嘗以妻子自隨，食粗衣敝，為國家愛養小民，不忍困之。以是忤朝使。」其歿也，南雄人哀而祠之。明陶宗儀《書史會要》曰：「劉實為詩文時有高趣，草書飄逸師晉體。」事見《明史》卷一百六十一。

**汪敬（生卒年不詳）**，字益謙，又字思敬，號梅邊讀易老人。婺源（今屬江西）人。宣德八年（1333）中進士，參與修纂《宣宗實錄》，官戶部主事。著有《易學象數舉隅》二卷，《易傳通釋》三卷等。書法作品有五言聯「符采高無敵，才力老益神」（圖 1-67），主要取法於歐陽詢、褚遂良楷書，結體修長，筆劃清勁中兼有圓潤。

**左贊（生卒年不詳）**，約西元一四七〇年前後在世。字時翊，號桂坡。江西南城人。天順丁丑（1457）登進士第，擢吏部主事。成化中，為廣東布政使。謹繩尺，崇理致。左贊頗留心於古文，又精隸書。明何喬新《椒丘文集》曰：「時翊學書于程南雲，以詞翰名於時。」明陶宗儀《書史會要》曰：「左贊書法兼諸體。而尤精於隸，得二蔡筆

▲ 圖 1-67　汪敬五言聯

意。」著有《桂坡集》十五卷，《四庫總目》列入別集類存目。

　　**丘霽（生卒年不詳）**，字時雍，江西鄱陽人。天順丁丑
（1457）進士，成化中守蘇郡。性穎悟強記，意度恢廓，治未一
年，諸廢畢舉。《鄱陽志》曰：「時雍能詩文，工懷素草法，負
才子名。著有《草堂集》。」《四庫全書》本清謝旻《江西通志》
卷八十九。

　　**伍福（生卒年不詳）**，字天賜，禮弟。明江西臨川（今江西
撫州）人。《四庫提要》作伍餘福。正統九年甲子（1444）領鄉
薦，授咸寧教諭。天順間，薦為陝西按察僉事，遷副使。提督學
政，致仕卒。伍福風格高邁。明許大經《撫州府志》曰：「天賜
詩文典雅，篆、隸、真、行、草書流麗俊美。」有《咸寧縣誌》
《陝西通志》《蘋野纂聞》《三吳水利論》《南山居士集》《雲峰清
賞集》。

　　**李紹（1407-1471）**，字克述，江西安福人。明代古碑文收藏
家。宣德八年（1433）進士，改庶起士，授檢討。大學士楊士奇
臥病，英宗遣使詢人才，士奇舉紹等五人以對。土木之敗，京師
戒嚴，朝士多遣家南徙。紹曰：「主辱臣死，奚以家為？」卒不
遣。累遷翰林學士。以李賢、王翱薦，擢禮部侍郎。成化二年以
疾求解職。紹好學問，居官剛正有器局，能獎掖後進。後禮部尚
書姚夔請起致仕禮部侍郎李紹為祭酒，馳召之，而紹已卒。他逝
世後，明憲宗深感惋惜。事見《明史》卷一百六十三。《御定佩
文齋書畫譜》卷四十一引明過庭訓《分省人物考》曰：「李紹與
人評書，必先法度，見有稍不合則者，曰是無師承，不足觀
也。」又引明雷禮《列卿記》曰：「李紹刻苦問學，有異書及古

碑文字，必購求之。字畫出入晉、唐間，參以蘇長公，剛勁奇逸，自成一家。」

　　**陳鑒**（1415-1471），字貞明，江西高安人。宣德二年（1427）進士，歷官行人司行人，擢御史、雲南參議、河南參議。著有《易庵集》。《御定佩文齋書畫譜》卷四十一引明吳寬《匏翁家藏集》曰：「平居無聲色之好，好止藏書並古書畫器物而已。為文才瞻而氣完，善筆札，臨摹古人真跡，殆不可辨。」明王世貞《弇州續稿》曰：「鑒日臨褚摹《禊帖》，故似之，而原本過佻，不若魯男子之善學耳。」明陶宗儀《書史會要》曰：「鑒作大字，勁健奇古，當代珍之。」《明史》卷一百六十二有傳。

　　**彭時**（1416-1475），字純道，又字宏道，號可齋。盧陵（今江西吉安市安福縣楓田鎮松田村）人。正統十三年（1448）進士第一，授修撰。憲宗時累官禮部尚書、文淵閣大學士，以秩滿進少保。成化十一年（1475）病逝。明憲宗贈太師銜，諡號為文憲。今天的安福縣楓田鎮松田村中有一幢明代的「相府」，是明景泰年間彭時的堂姪、湖廣副使彭琉為彭時而建的，有近五百多年歷史，是不可多得的明代古建築。彭時為官三十年，有過人之處，孜孜奉國，持正存大禮，生活儉約，不取非義之財；對同僚能團結共事，互相信任；對百姓能體恤疾苦，減輕負擔，是個忠君愛民的好官，最後死於任上，有古大臣風。這樣全節而終的高官在明代並不多見。他亦擅長書法，明王世貞《弇州續稿·國朝名賢遺墨》有彭時書。他著有《可齋雜記》《彭文憲集》。事見《明史》卷一百七十六。

## 二、明代中期江西書法家

**何喬新**（1427-1502），字廷秀。江西廣昌人。登景泰五年（1454）進士，官南京禮部主事。成化四年（1468）遷福建副使，又遷湖廣右布政使，十六年擢右副都御史，巡撫山西。孝宗嗣位，萬安、劉吉等忌喬新剛正，出為南京刑部尚書。他一生為官，政績顯著。成化四年任福建副使時，所轄的福安寧德銀礦，很久就未開採，但官府照樣督責課稅，百姓多數破產。他上疏，請減免三分之二的課稅。興化縣百姓在洪武初年曾租用官府的耕牛，而到成化年間還要按年交租金，他上疏免除租子。任河南按察使時，河南發生大饑荒，朝廷按例給予賑濟，但只賑濟到秋收止。他上疏請準將賑濟期延長到第二年麥熟時。他任湖廣布政使時，荊州的徭役攤派繁多，老百姓負擔過重，不堪其苦。他下令重新核查人口，並按貧富分成九等，按等級負擔徭役租賦，大大減輕百姓的負擔。他為人剛正不阿，不與奸臣為伍，因此仕途坎坷，常受奸臣排擠和誣陷。弘治七年（1494），上疏請求辭職回鄉。罷歸後，中外多論薦，竟不復起。卒於孝宗弘治十五年。正德十一年（1516），他被追封為太子太保，並准予蔭封後代。次年，賜諡文肅。何喬新性廉介，有直聲，民多稱便。少有異稟，比長，博綜群籍，聞異書則借抄，積三萬餘帙，皆手校讎。與人寡合，氣節友彭韶，學問友丘濬而已。明王世貞《國朝名賢遺墨跋》曰：「喬新楷法極謹細，無一筆苟。」其弟兄均善書，喬福、何宗均有書名。喬新著作甚富，有《元史臆見》《周禮集注》《策府群玉續編》《勳賢琬賢集》《椒丘集》等。事見《明史》卷

一百八十三。

何喬福（生卒年不詳），字廷錫。江西廣昌人。能詩，善畫花竹水石禽鳥，墨竹尤精。明何喬新《椒丘文集》卷三十《亡弟喬福墓誌銘》曰：喬福「讀書不事章句，隨所喜閱之數，過輒成誦，率其意為歌詩，亦皆可取」。「晚精草書，得顛、素筆法。」

何宗（生卒年不詳），字本茂。江西廣昌人。喬新之兄。工書法。《御定佩文齋書畫譜》卷四十二引明何喬新《椒丘文集》曰：「本茂穎敏好學，性喜書，初師歐陽率更，晚更兼顏、柳之體。邑之山鑱塚刻，多出其手。」

羅倫（1431-1478），字彝正，號一峰，吉安永豐人。家貧樵牧，挾書誦不輟，及為諸生，志聖賢學。成化二年（1466）廷試，對策萬餘言，直斥時弊，名震都下，擢進士第一，授翰林修撰。大學士李賢正在為亡父奔喪，憲宗卻詔李賢還朝，羅倫上《扶植綱常疏》彈劾李賢，觸怒憲宗，謫福建泉州舶司副提舉。賢卒，明年以學士商輅言，召復原職，改南京。居二年，引疾歸，遂不復出。倫為人剛正，嚴於律己，義所在，毅然必為，於富貴名利泊如也。嘉靖初，追贈左春坊諭德，諡文毅。明陶宗儀《書史會要》曰：「倫善行、楷，法文信國（文天祥），筆力清健，結構端嚴。評者謂為翰墨中珊瑚玉樹。」有《一峰集》。事見《明史》卷一百七十九。

羅璟（1432-1503），字明仲，號冰玉。江西泰和人。天順末，進士及第。授編修，進修撰，累官洗馬。孝宗為太子，簡侍講讀，母喪歸。調南京禮部員外郎。孝宗嗣位，王恕等言璟才，乃授福建提學副使，弘治五年（1492）召為南京祭酒。久之，

卒。嘗預修《宋元通鑒綱目》。《御定佩文齋書畫譜》卷四十二引明王世貞《國朝名賢遺墨跋》云：「冰玉筆法頗欲學宋仲溫，而未成長，然當其時亦錚錚，不知何故遠讓長沙。」事見《明史》卷一百五十二。

**傅瀚**（1435-1502），字曰川，號體齋。新喻（今江西新余水北小水）人。明天順八年（1464）中進士，選為庶起士，任翰林院檢討。明孝宗登帝位時（1488），擢太常少卿兼侍讀，歷禮部左、右侍郎。尋命兼學士入東閣，專典誥敕，兼掌詹事府事。弘治十三年（1500）升禮部尚書。傅瀚風趣不阿，敢於指斥時弊。當時保定有人進獻白鵲供皇室玩樂，貽誤國事，瀚奏疏斥責。卒贈太子太保，諡文穆。傅瀚品德高尚，善於寫詩作文，著有《體齋集》《經筵講章》等。事見《明史》卷一百八十四。明李東陽《懷麓堂集》卷八十三《明故資善大夫禮部尚書贈太子太保諡文穆傅公墓誌銘》稱傅瀚「博學強記，為詩文峻整有格，書法亦遒美，為時所重」。

**傅潮（生卒年不詳）**，明江西新喻（今江西新餘）人。瀚弟。成化十七年辛丑（1481）進士，為中書舍人。他擅長書法。明吳寬《匏翁家藏集》、明王鏊《震澤集》皆稱其書，時稱「一家二妙。」

**戴珊**（1437-1505），字廷珍。江西浮梁人。珊幼嗜學，天順末，與劉大夏同舉進士，久之，擢御史，督南畿學政。成化十四年（1478）遷陝西副使，歷浙江按察使，福建左、右布政使。弘治二年（1489）以王恕薦擢右副都御史。以老疾數求退，輒優詔勉留，正德中卒於位，贈太子太保，諡恭簡。善書。明王世貞

《國朝名賢遺墨》有戴珊書。事見《明史》卷一百八十三。

**余孜善（生卒年不詳）**，字慶之，江西臨川人。正統間以能書薦，官給事中。明陶宗儀《書史會要》曰：「慶之善行、楷。」

**童軒（生卒年不詳）**，字士昂，號枕肱，江西鄱陽人。景泰二年辛未（1451）進士，授南京吏科給事中等職。憲宗時任都督院右副都御史，提督松潘軍務兼巡撫。弘治中為南京禮部尚書。童軒廉介寡合，篤於內行，好學不倦。明過庭訓《分省人物考》曰：「士昂為文淵博雄麗，詩有唐人體裁，書法遒勁。」有《紀夢要覽》《清風亭稿》。

**徐瓊（生卒年不詳）**，字時庸，號東穀，明江西金溪人。天順丁丑（1457）進士第二人，授編修，由翰林累官侍讀學士。弘治中，為禮部尚書，加太子太保。因明代洪武以後廢宰相職，以六部為內閣，故尊言徐瓊為「當代宰相」。嘗上書論禁奢侈，廣用人、抑奔競，開言路。《撫州志》曰：「圭峰羅公謂瓊之量宏矣，而無量名；文優矣，而無文名；書善矣，而無書名，有三不近名贊。」

**羅玘（1447-1519）**，字景鳴，號圭峰、磁圭人，明江西南城人。成化二十二年（1486）鄉試第一，次年舉進士，選庶起士，授翰林院編修，進侍讀。正德初，選南京太常少卿，尋進本寺卿，擢南京吏部右侍郎。為人嚴謹，勤政務實，敢於直言，人多敬畏。時宦官劉瑾擅權，吏部尚書李東陽依勢逢迎，玘不顧私交，指李助紂為虐，與之絕交。而武宗沉湎遊樂，不聽忠言，玘常憂國事卻無力回天，便於正德七年（1512）辭官還鄉，卒謚文肅。學者稱他為「圭峰先生」。羅玘博學，好古文，務為奇奧。

每有作，或據高樹，或閉坐一室，瞑目隱度，形容灰槁，自此文亦奇，玘亦厚自負。散文創作風格多樣，寫有大量序言和山水遊記，有的情趣別致，有的委婉曲折，均有一定藝術價值。詩歌作品獨具風格，常以奇景發激情，想像豐富。著有《羅圭峰文集》三十卷，收入《四庫全書》集部別集類。另有《圭峰奏議》一卷、《類說》等。

羅玘善書。《御定佩文齋書畫譜》卷四十二引明石珤《熊峰集》曰：「李宗易建亭曰午風，羅景鳴隸書其上。」事見《明史》卷二百八十六。

**羅欽順**（1465-1547），字允升，號整庵，江西泰和人。羅欽順出身仕宦門第，自幼聰穎尚學。弘治六年癸丑（1493）進士及第，高中探花後，初授翰林編修，遷南京國子監司業，與國子監祭酒章懋宣導求真務實的學風。不久，奉親歸里，因羅欽順為人正直，請假養親時，觸怒宦官劉瑾，被削職為民。劉瑾被誅後，恢復官職，遷南京太常少卿，再遷南京吏部右侍郎，入為吏部左侍郎。世宗即位，嘉靖元年（1522）命攝尚書事，遷南京吏部尚書，省親乞歸。又改禮部尚書，剛好奔喪在家沒有赴任，再起禮部尚書，辭不就職，又改吏部尚書，又辭不赴任，朝廷下詔敦促。嘉靖六年（1527），他再辭獲准。嘉靖二十六年（1547）卒於家，贈太子太保，諡文莊。

羅欽順為官嚴於職守，勤於政事。曾受到孝宗、武宗的賞識和百姓的愛戴，但卻遭到權貴張聰、桂萼的忌恨。他們在政治上培植私黨，排斥異己，正直的人得不到任用。羅欽順總感到壯志難酬，懷才不遇。他本想在仕途上有所成就，為國為民多做點事

情，可朝廷腐敗，宦官篡權亂政，權貴為非作歹。羅欽順恥與之同朝做官，便辭職返鄉。他回家後，很少和人來往，杜絕門徒，一人獨居。淡泊自持，不為世累。居家二十餘年，腳不入城市，每天早起穿戴整齊，即到學古樓看書，潛心學術，辨析精富。羅欽順是明代思想家。在明中期，他是和王陽明分庭抗禮的大學者。有《困知記》《整庵存稿》《整庵續稿》。事見《明史》卷三百八十二。

羅欽順早年篤信佛學，後斷然捨棄，窮究性理之學。對於陸九淵和王陽明的心學，羅欽順的態度是批判。對於程朱理學，羅欽順的態度是部分揚棄，用理氣為一物修正了朱熹理氣二分的理氣論。在理氣關係上，認為理在氣中，氣是世界萬物的本原。他對朱熹理一分殊的觀點做了自己的解釋，認為氣產生萬物後，一理即散為萬理，這就是一本萬殊。太極是眾理的總名，但以氣為本。在心物關係上，認為心是認識器官，也是一物。心能「推見事物之數，究知事物之理」，但不能「範圍天地」。在性理關係上，不同意天命之性、氣質之性的區分，認為性只有一個，即氣之理。他批判存天理，滅人欲的觀點，主張理欲統一，以理節欲。但他接受性即理的觀點，承認心中所具之理，也就是仁義禮智之性。《明史‧儒林傳》說：「欽順潛心理學，深有得於性命理氣之微旨。」明王世貞《弇州續稿》盛稱其書，《國朝名賢遺墨》有羅文莊公欽順書。

**費宏**（1468-1535），字子充，號健齋、鵝湖，晚號湖東野老，鉛山（今屬江西）人。成化二十三年（1487）中狀元，授翰林院編修。弘治年間，遷為左贊善、直講東宮，進為左諭德。正

德年間，任文淵閣大學士、太子太保、武英殿大學士、戶部尚書。與修《孝宗實錄》。費宏因為揭露當時的寧王朱宸濠篡奪皇位的野心遭到迫害，他辭官回鄉。正德十六年（1521），世宗繼位，召費宏入朝，繼任吏部尚書，加封輔國少師兼太子太師。嘉靖六年，寧王餘黨對費宏繼續進行攻擊陷害，迫使費宏再次回鄉。其間，費宏在鉛山閉門讀書著作，並為家鄉做了大量的公益事業，還開辦「含珠書院」，聘請名師為族人和鄰村子弟講學授課，他自己也親自講課數月。嘉靖十四年（1535），世宗皇帝重新起用退居林下的費宏，任內閣首輔。這是費宏第三次入閣。同年十月，費宏無疾而終。諡文憲。費宏工詩善文，著有《鵝湖摘稿》二十卷，《四庫全書總目提要‧別集類存目》有《費文憲集選要》七卷。生平事蹟見《明史》卷一九三等。

費宏長於書法，尺牘《久別帖》為其代表作。筆劃清勁，佈局疏朗。左下角蓋有「天香樓」印章。

**劉麟**（1474-1561），字元瑞，號南垣。江西安仁（今江西余江）人。弘治九年（1496）進士，任刑部主事，進員外郎，錄囚畿內，平反三百九十餘人。正德初，由刑部郎中出任紹興知府，克己奉公，越人稱道。後因太監劉瑾專權，以劉麟未謁謝皇上，藉口「錄囚過細」而削職為民。劉麟去官後，兩袖清風，無資回鄉。越中士民集資以贈。劉麟辭謝不受，質官服於當鋪歸鄉。民感其德，建造「小劉太守祠」，配漢劉寵以祀。後遷南京廣洋衛。瑾誅，起補西安。尋遷雲南按察使，謝病歸。嘉靖初，召拜太僕卿，進右副都御史，巡撫保定六府。再引疾歸，起大理卿，拜工部尚書。麟清修直節，當官不撓。居工部，為朝廷惜財謹

費，僅逾年而罷。家居三十餘年，廷臣頻論薦。卒，贈太子少保，諡清惠。劉麟積學能文，與顧璘、徐禎卿合稱「江東三才子」。著有《劉清惠集》十二卷，江西《安仁縣誌》載有其人。事見《明史》卷一百九十四。《御定佩文齋書畫譜》卷四十三引明安世鳳《墨林快事》曰：「劉司空書，醇古簡足，可砭今人好奇作

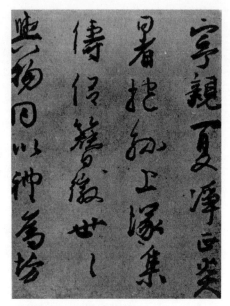

▲ 圖 1-68　劉麟《詩翰》

異之病。」引李默《劉南垣小傳》說劉麟「書法宗羲、獻，尺牘片簡，人爭寶之」。

劉麟傳世墨蹟有《詩翰》（圖 1-68），紙本，行草書。共六幅，均為縱二十二點七釐米，橫十四釐米。臺北「故宮博物院」藏。此詩翰冊內容是描繪日麗風清、窗明几淨的景色，抒發偶得佳句的喜悅心情。運筆隨意揮灑，富有輕重疾徐的變化，結體或正或斜，字距較密，行距疏朗，堪稱無意於佳而風神俊爽的成功之作。

**嚴嵩**（1480-1566），字惟中，號勉庵、介溪、分宜等，江西分宜人。弘治十八年（1505）進士，改翰林院庶起士，授翰林院編修，旋病休歸里，讀書八載，詩文峻潔，聲名始著。武宗正德

十一年（1516），還朝復官。世宗嘉靖七年（1528），奉命祭告顯陵，歸而極言祥瑞，世宗欣喜。幾年內先後遷其為吏部右侍郎，進南京禮部尚書，兩年後改任吏部尚書。嘉靖十五年（1536），以賀萬壽節至京師。時值廷議重修宋史，遂留京以禮部尚書兼翰林院學士銜主持其事。他善伺帝意，以醮祀青詞，取得寵信，加為太子太保。二十一年（1542），拜武英殿大學士。入直文淵閣，仍掌禮部事。後解部事，專直西苑；累進吏部尚書，謹身殿大學士、少傅兼太子太師，少師、華蓋殿大學士。嚴嵩善於揣摩皇上心意，專擅國政近二十年。士大夫側目屏息，不肖者奔走其門，行賄者絡繹不絕。戕害他人以成己私，並大力排除異己。他還吞沒軍餉，廢弛邊防，招權納賄，肆行貪汙；激化了當時的社會矛盾。晚年，以事激怒世宗，為世宗所疏遠。嘉靖四十一年（1563），道士藍道行向世宗敘述嚴嵩父子竊政弄權的情狀，御史鄒應龍即刻上疏彈劾嚴嵩父子的不法行為。世宗降旨，令嚴嵩回家養老，其子嚴世蕃謫戍雷州。四十三年，南京御史林潤羅列嚴家罪惡及嚴世蕃私通倭寇的行為，上奏朝

▲ 圖 1-69　嚴嵩《大高殿牌坊橫額》

廷。世宗降旨，抄沒嚴府家產，腰斬嚴世蕃，嚴嵩及諸孫削籍為民。四十四年，嚴嵩年老多病，寄食墓舍而死。生平事蹟見《明史》卷三百八等。嚴嵩著有《鈐山堂集》《直廬稿》《直廬續稿》等。其詩格調高古，韻度深遠，辭采華妙。書法筆力厚重，有蕭穆堂皇氣象。但因被列入《明史‧奸臣傳》，世人惡其為人，並鄙棄其詩文和書法。其書法代表作有行書五言聯：「擇木知幽鳥，潛波想巨魚。」紙本，縱二二九釐米，橫三九釐米。此聯運筆厚重，墨色濃枯，拙中見巧。另有《大高殿牌坊橫額》（圖1-69），點畫分佈均勻，結體威嚴莊重，略顯刻板。

**費寀（生卒年不詳）**，字子和。明代江西鉛山人。費宏之弟。正德進士，授編修。其妻婁氏，朱宸濠妃子之妹。朱宸濠反叛，費寀上書王守仁獻策，因王守仁舉薦而起用。官至禮部尚書。卒諡文通。有《費文通集》。費寀傳世墨蹟有《文徵明句曲山房圖跋》（圖1-70），紙本，草書。七言古詩一首，共二十七行，一九七字。上海博物館藏。此跋運筆以圓為主，起止轉折處很少方筆，故筆劃圓轉流暢；結體聚散適宜，氣勢放縱，帶有幾分樸拙真率的韻味。

**夏言（1482-1548）**，字公謹，號桂洲，江西貴溪人。正德十二年（1517）進士，初官吏科都給事中，兵科都給事中。嘉靖十年（1531）三月，升禮部尚書。嘉靖十五年（1536）加少保、少傅、太子少師。

夏言正直敢諫，勇於負責，但為人頗自負，驕蹇見忤，遭忌於張孚敬。嚴嵩入閣後，盡去夏言親黨。嘉靖二十四年（1545）十二月，世宗再以夏言入閣，又遭嚴嵩忌恨。嘉靖二十五年蒙古

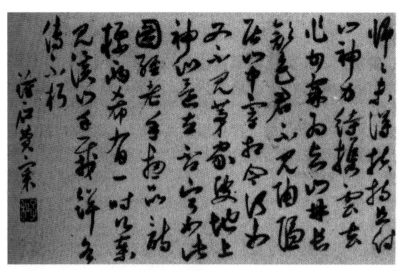

▲ 圖 1-70　費寀《文徵明句曲山房圖跋》

韃靼部首領俺答汗三萬騎兵進犯三原、涇陽等地，陝西總督曾銑
上《請復河套疏》：「賊據河套，侵擾邊鄙將百年。」請收復河
套。夏言大力支持，世宗剛開始時亦雄心勃勃，詔答：「今銑倡
恢復議甚壯，其令銑與諸鎮臣悉心上方略，予修邊費二十萬。」
嚴嵩卻向世宗獻諂言，說不可輕開邊事，並上疏稱「銑以好大喜
功之心，而為窮兵黷武之舉，在廷諸臣皆知其不可，第有所畏，
不敢明言」。又賄賂邊將仇鸞，讓他上書誣告夏言受曾銑的勾
結。嘉靖皇帝遣錦衣衛將曾銑逮捕入獄，嘉靖二十七年（1548）
正月以夏言「事為任意，跡涉強君」的罪名致仕，這時俺答率軍
南下，侵擾宣化，嚴嵩乘機又進讒言：「早先夏言、曾銑提議收
復河套，以致激怒俺答。」夏言在通州（今北京通州區）時，聽
說曾銑以「結交近侍」的罪名被殺，從車上墮落，痛哭道：

「噫！吾死矣。」夏言再次上疏論冤，帝不聽，是年十月夏言以「結交近侍」罪名被斬殺。自此無人再敢議復河套之事。後嚴嵩敗，夏言家人為之訟冤。穆宗隆慶初年，夏言得以平反復官，追謚文湣。著有《桂洲集》。事見《明史》卷一百九十六。

明王世貞《藝苑卮言》曰：「文湣以才雋居首揆，天下重其書，貞珉法錦，視若拱璧，正、行亦遒美，但肥過而滯，老過而稚耳。榜署書尤可觀。」夏言傳世墨蹟有《仙壇雅集詩》，筆劃飽滿酣暢，字勢舒展，受蘇軾、黃庭堅影響較明顯。

**李漢（生卒年不詳）**，字充昭，號方塘，明江西南昌豐城人。成化進士，官至工科都給事中。擅長書法，喜歡朱熹筆法。明羅玘《圭峰集》卷十六《工科都給事中李君墓誌銘》曰：「充昭平生喜追晦庵書法，久乃逼真。」

**王禮（生卒年不詳）**，字子尚，後更字子讓，明江西廣昌人。憲宗時中書舍人。著有《麟原文集》二十四卷，收入《四庫全書》中。工書，成化年間（1465-1487）禮部郎中關西倪讓撰《隆安寺碑》為其所書。《御定佩文齋書畫譜》卷四十一引《香河志》曰：「明《隆安寺碑》，成化中禮部郎中關西倪讓撰，中書舍人廣昌王禮書。」

**葛滸（生卒年不詳）**，字希淵，號秋泉，明正德年間浙江四明（今浙江寧波）人。明陶宗儀《書史會要》載：希淵僑居南昌。能篆書，時徐霖在金陵，徑往訪之，語以誤從偏傍者數事，霖敬服，遂相友善。

**羅洪先（1504-1564）**，字達夫，號念庵。羅循之子。江西吉水人。嘉靖五年（1526），羅洪先參加鄉試中舉人，嘉靖八年

（1529）己丑科會試，殿試第一中狀元，授修撰。當時明世宗迷信道教，求長生，政治極為腐敗。羅洪先看不慣朝廷的腐敗，即請告歸。嘉靖十八年（1539），他被召拜春坊左贊善。因聯名上《東宮朝賀疏》冒犯世宗皇帝而被撤職。從此羅洪先離開官場，開始了學者的生活。

羅洪先事親孝，父喪，苦塊蔬食，不入室者三年，繼遭母憂，亦如之。隆慶元年（1564），羅洪先去世，詔贈光祿少卿，諡文恭。

▲ 圖 1-71　羅洪先《太原晉祠懸筆碑》

羅洪先一生的主要成就在理學和地圖學方面，羅洪先十五歲讀王守仁《傳習錄》，愛不釋手，欲往受業，其父羅循不可而止。罷歸後，他益尋求守仁學說。洪先雖宗良知學，然未嘗及守仁門，恒舉《易大傳》「寂然不動」、周子「無欲故靜」之旨以告學人。羅洪先在理學方面，屬江右王門學派，曾師事王門學者黃宏綱、何廷仁，研究王守仁「致知」之旨。羅洪先的思想演變是圍繞王守仁「致良知」說展開的，其理論與王守仁一樣都離開人的社會性而談抽象的人性

論，但就他的整個思想傾向而言，則具有由虛而實的特點。他精心繪製的兩卷《廣輿圖》，是我國歷史上最早的分省地圖集。他在繪製地圖方面的建樹，不但為我國地圖的繪製和地理科學做出了貢獻，而且為國際的同行所矚目，在世界地圖繪製領域佔有一席之地。

羅洪先在文學方面也有一定的造詣。開始他效法李夢陽，反對虛浮的臺閣體，提倡復古；但後來漸覺復古派一味強調「文必秦漢，詩必盛唐」，專從字句上去摹擬古人，即使作家思想受到束縛，又使作品脫離現實，便自覺放棄了這種文學主張，加入唐順之、歸有光等唐宋派的行列，主張為文「開口見喉嚨」，反對摹擬古人，反對摹擬古文。他寫的詩文既擺脫了擬古派一味摹擬古人的痕跡，又無唐宋派的那種道氣。著有《念庵集》二十二卷，《冬遊記》一卷。事見《明史》卷二百八十三。

明王世貞《藝苑巵言》曰：「洪先書頗秀潤，出《聖母帖》，而豐肉少骨，穠媚有之，蒼老不足。」在太原晉祠聖母殿右側的走廊裡有一方十分著名的碑叫「懸筆碑」（圖1-71）。碑高一點四六米，寬〇點七二米，上面是三行宛如落花飛雪、驟雨飄風的草書：「懸甕山中一脈清，龍蟠虎伏隱真明。水飄火劫山移步，五十年來帝母臨。」後面是落款「戊午秋月羅洪先懸筆」，並有「宛城郜煥元摹勒上石」九字。這塊碑被《晉祠銘》贊為：「體勢悠揚，宛如驟雨飄風，落花飛雪，銳不可當。」其字裡行間，透露出一派天馬行空，縱橫萬里的氣象，又有一種超然出塵，無牽無羈的韻味，吸引了無數墨客騷人。江西省樂安縣流坑村董燧的故宅「理學名家」房前有一方照壁，上面磚雕陽刻四個大字

「高明廣大」，即羅洪先所書。

羅洪先墨蹟有《致祖父母齋老先生尺牘》，紙本，行書。縱二十五點三釐米，橫四十八點三釐米。臺北「故宮博物院」藏。此尺牘筆劃清勁，露鋒較多，轉折處多呈方折，結體方中帶扁，緊密凝練，佈局疏朗有致，既有歐陽詢的瘦勁，又融入褚遂良的柔美。字裡行間灌注著對長者的恭敬之心。

**洪鐘（生卒年不詳）**，字季和，明江西崇仁人。憲宗時入翰林院讀書，年十八登弘治三年庚戌（1490）進士，除中書舍人，升禮部員外郎。年二十七卒，清才不壽，士林惜之。《御定佩文齋書畫譜》卷四十一引《治世餘聞》曰：「崇仁洪鐘，四歲隨父入京，至臨清見牌坊大字題額，索筆書之，遂得字體。至京師設肆鬻字，憲宗聞之召見。」又引明李紹文《皇明世說新語》曰：「洪鐘四歲能作大書，憲宗召見，命書『聖壽無疆』，鐘握筆久之不動，上曰：『汝容有不識者乎？』鐘叩頭曰：『臣非不識，第此字不敢於地上書耳。』上命內侍舁幾，一揮而就。」

**劉挺（生卒年不詳）**，字咸卓，明江西萬安人。弘治三年庚戌（1490）登進士第，授武選主事，累官河南布政。《御定佩文齋書畫譜》卷四十二引明劉玉《執齋集》曰：「咸卓古章句步驟柳州，字畫類顏，甚偉。」

**胡錦輅（生卒年不詳）**，字大載，江西永新人。弘治五年領鄉薦，為右府都事。《御定佩文齋書畫譜》卷四十二引明尹台《永新縣誌》曰：「大載工詩，善行、楷。」

**鄧杞（生卒年不詳）**，字思貞，明江西新城（今江西黎川）人。弘治十六年（1503），貢為國子典簿。《御定佩文齋書畫譜》

卷四十二引明王材《江西新城志》曰:「思貞善草書,有才名。」

　　**劉棨(生卒年不詳)**,明江西安成(今江西安福)人。諭德劉戩之子。善書。《御定佩文齋書畫譜》卷四十二引《六館日抄》曰:「弘治三年,《錢福榜進士題名碑》,大學士丘浚撰文,大理寺右寺副劉棨書。」

　　**劉節(生卒年不詳)**,字介夫,世稱梅國先生。明江西大庾(今江西大餘)人。弘治十八年乙丑(1505)進士,歷任浙江左布政使,嘉靖十一年為刑部右侍郎。劉節好賢禮士,見學官弟子,每延款而諮訪之,不屑以俗吏自居。劉節告老返鄉後,在大庾縣城創辦梅國書院,為家鄉培養了不少人才。劉節有文才,善詩、書。大餘縣城東北十公里的黃龍鄉境內有一座丫山,山上有建於五代南唐的靈巖寺。每當春夏雨季,千巖萬壑水爭趨赴,穿越石門,懸為瀑布。劉節為此讚歎,留下詩句:「高巖飛瀑灑飛泉,恍似銀河落九天。日對秀峰吟秀句,詩才李白是天仙。」明陶宗儀《書史會要》曰:「劉節書仿顏魯公。」有《春秋列傳》《廣文選》《梅國集》《寶制堂錄》等。

　　**羅汝芳(1515-1588)**,字維德,號近溪,江西南城泅石溪(今南城天井源鄉羅坊村)人,一作建昌人。明中後期著名哲學家、詩人,泰州學派的代表人物。嘉靖三十二年甲辰(1553)進士,除太湖知縣,官至布政使參政。

　　羅汝芳嘗召諸生論學,公事多決於講座。以深入下層,宣講哲理,教化士民,以發人「良知」和濟人急難聞名於世。嘉靖十九年(1540),羅汝芳拜泰州學派的代表人物顏鈞為師,盡受其學,得王艮泰州學派真傳。翌年,進京會試,聞其父病重,不試

而歸。此後，退居故鄉十年。在這段時間，他四處遊訪，考察社會，探究學問，並在從姑山創辦「從姑山房」，接納四方學子，從事講學活動。顏鈞系獄，汝芳鬻產救之，事之甚殷，人以為難。萬曆五年（1577），羅汝芳官拜右參政。不久，因公進京，應邀至城外廣慧寺講學，朝中人士紛紛前往聽講，引起了內閣首輔、大學士張居正的不滿，疏劾他「事畢不行，潛往京師，搖撼朝廷，夾亂名實」，羅汝芳被罷官歸里。萬曆十六年（1588）九月二日卒。有《孝經宗旨》《明通寶義》《廣通寶義》《一貫編》《近溪子明道錄》《會語續錄》《識仁編》《近溪子文集》等。事見《明史》卷二百八十三附《儒林·王畿傳》。

羅汝芳擅長書法。黃山松穀庵的匾額「東土雲山」，就是他的手筆。明陶宗儀《書史會要》曰汝芳：「小楷有鍾元常筆法。」

**李士實**（生卒年不詳），字若虛，南昌人，一作豐城（今江西豐城）人。成化二年丙戌（1466）進士，正德中為右都御史。以附宸濠伏法。明王世貞《藝苑巵言》曰：「士實書瘦險醜怪，而一時聲甚著。」有《世史積疑》。

**周仕**（生卒年不詳），字用賓，號草岡，明江西盧陵（今江西吉安）人。正德八年（1513）鄉舉為工部主事。《御定佩文齋書畫譜》卷四十三引《羅念庵集》曰：「用賓為古文詩歌，不道唐、宋以下語，又多識篆籀，工書法，難字稱引艱僻，不可流誦。」

**吳山**（生卒年不詳），字日靜，號筠泉，明江西高安人。嘉靖十四年（1535）及第第三人，累官禮部尚書，加太子太保。與嚴嵩同鄉裡，嵩子世蕃欲與婚姻，吳山不可，世蕃不悅而罷。皇

帝欲用吳山為內閣，嚴嵩密阻之，後被劾歸。穆宗立，召為南京禮部尚書，不赴，卒諡文端。善書。《御定佩文齋書畫譜》卷四十三引《涑水亭雜識》曰：「《祐聖觀碑》，大學士余姚李本撰，禮部尚書高安吳山書。」著作有《治河通考》十卷，崇禎十一年（1638）重新刊印，有他的曾孫吳士顏寫的序略。

　　**吳逵（生卒年不詳）**，字近光，號雲泉，明江西新淦（今江西新幹）人。嘉靖八年己丑（1529）進士，授兵部主事，終四川按察副使。明羅念庵《羅念庵集》曰逵「長於歌詞草書」。

　　**朱拱枘（生卒年不詳）**，號白賁，明瑞昌王孫。嘉靖時人。封奉國將軍。善書法，行草得朱熹體格。明陶宗儀《書史會要》曰：「嘉靖時上《大禮頌》一章，賜敕褒獎，行草得晦翁體格，名重一時。」

　　**朱多（生卒年不詳）**，字宗良，號貞湖，一號密庵。朱權六世孫，朱拱枘從子。明嘉靖年間人。封鎮國中尉。能詩善書，其詩初名《石蘭館稿》，王世貞改題為《國香》。明陶宗儀《書史會要》曰：「宗良博雅好修，以辭賦名，草書宗孫虔禮，筆法茂美。」

　　**張應雷（生卒年不詳）**，字思豫，號順齋，金溪（今江西金溪）人。隆慶五年辛未（1571）進士，授湖州府推官。《御定佩文齋書畫譜》卷四十三引《撫州志》曰：「應雷多著作，工韻語，兼善書、畫。」

　　**吳謙（生卒年不詳）**，字汝亭，號文台，臨川（今江西撫州）人。慶隆五年（1571）進士，官至按察僉事。《撫州志》曰：「謙善大書。」

**柳濟（生卒年不詳）**，字孟淵，別號耕叟，明江西德化（今江西九江）人。性孝友淳雅，異母弟淩侮百出，愛之愈篤，弟遂感化。《御定佩文齋書畫譜》卷四十一引明李汛《九江府志》曰：「孟淵善楷書。」

　　**汪道全（生卒年不詳）**，明徽州婺源（今屬江西）人。《御定佩文齋書畫譜》卷四十二引明程敏政《篁墩集》曰：「道全以能書名郡中，清婉可愛。」

　　**程瑎（生卒年不詳）**，明徽州婺源（今屬江西）人。《御定佩文齋書畫譜》卷四十二引明程敏政《篁墩集》曰：「程瑎好學能書，為里塾師。」

　　**李穆（生卒年不詳）**，字元載，號寄寄，江西泰和人。官南樂訓導。明羅欽順《整庵存稿》卷十三《李先生墓誌銘》載：元載罷閑後，「蹤跡多在荊、楚間，因以寄寄為號」。「所作真、行、篆、隸諸書，學者亦爭藏去以為法」。

　　**甘彥（生卒年不詳）**，字士美，明江西永新人。《御定佩文齋書畫譜》卷四十三引明鄒守益《東廓遺稿》曰：「士美嘗構屋叢竹之間，自懋於學，人稱之曰竹屋先生。詩得唐體，字得顏體。」

　　**婁妃（？-1519）**，名素珍，饒州（今江西上饒）人。明代女詩人、書法家。寧王府朱宸濠王妃。婁素珍秉性聰穎，博學多才，善詩文，工書法，為寧王朱權五世孫宸濠所寵愛。朱宸濠不甘於藩王地位，早有心覬覦皇帝寶座，婁妃多次泣諫勸阻，曾在一幅《夫婦采樵圖》上題詩曰：「婦語夫兮夫轉聽，采樵須知擔頭輕。昨窗雨過蒼苔滑，莫向蒼苔險處行。」朱宸濠不聽婁妃所

勸，於正德十四年（1519）在南昌舉兵謀反，僅三個月就被王守仁領兵擊敗。朱宸濠被擒後痛哭道：「昔紂用婦言亡國，我以不用婦言亡身。」婁妃於朱宸濠事敗後，自沉黃家渡江中。有南昌人敬其賢烈，收婁妃屍葬於德勝門外隆興觀側。乾隆初年（1736），江西布政使彭家屏修繕該墓，並題寫墓碑。著名戲劇家蔣士銓還以婁妃為題材，編寫了《一片石》《第二碑》兩種傳奇，讚美她的賢能，痛惜她的不幸。當年寧王府內她那遒勁有力的「屏」「翰」兩個石刻大字，今移置在杏花樓原梳粧檯前。明陶宗儀《書史會要》曰：「婁妃書仿詹孟舉，楷書《千文》極佳。永和門並龍興、普賢寺額，其筆也。後人以其賢，不忍更之。」

## 三、明代後期江西書法家

**夏之時（生卒年不詳）**，字葛民，江西星子縣人。嘉靖年間拔貢，萬曆五年（1577）任潮州通判，工詩文書法。

**劉一焜（生卒年不詳）**，字元丙，號石閭。明江西南昌人。萬曆十六年（1588），與弟一煜、一燨並舉於鄉。萬曆二十年進士，授行人，歷考功郎中，左侍郎楊時喬典京察，盡斥執政私人。已，改文選，遷太常少卿，以憂去。久之，由故官擢右僉都御史，巡撫浙江。一焜以暇築龕山海塘千二百丈，浚復余杭南湖。民賴其利。御史沈珣誣訐其藏私，一焜自引去。卒，贈工部右侍郎。明陶宗儀《書史會要》曰：「工書，本恬淡之思，出偏側之勢，筆筆蕭疏，頗饒晉韻，所謂無風之水，自然成文，元丙之翰類焉。」

**楊嘉祚（生卒年不詳）**，字邦隆，號寨雲，江西太和人。楊

士奇後人。萬曆四十四年丙辰（1616）中進士，官至廣西副使。明陶宗儀《書史會要》曰：「邦隆，文貞公之後也。書法清古，與王雅宜筆法相類。」王雅宜，即雅宜山人王寵。

**朱多炡（生卒年不詳）**，字中美，號午溪，明宗室，瑞昌王五世孫，拱欘子，襲封奉國將軍。明陶宗儀《書史會要》曰多炡善書，明朱謀《藩獻記》曰：「中美行、草得鍾、王書法，亦自珍惜之。每一紙出，好事者重價購去，比之《蘭亭禊帖》云。」《明史》卷一百十七曰多炡以孝友稱。

**程福生（生卒年不詳）**，字孟孺，一作字梅巖，號六嶽山人，江西玉山人。萬曆初官中書。篆法文彭，隸法文徵明，小楷法《麻姑仙壇》，又法《黃庭》。善畫墨梅，寫章草。清瘦絕倫。萬曆十一年（1583）嘗書道德經卷。明詹景鳳《詹氏小辨》曰：「孟孺篆法壽承，隸法征仲，小楷法《麻姑仙壇》，又法《黃庭》，草法章草。」

**郭汝宣（生卒年不詳）**，字贊明，號月塘，明江西萬載人。萬曆三十三年乙巳（1605）歲薦。博古通今。明吳敬《萬載縣誌》曰：「汝宣博通經、史，善楷書。」

**楊廷麟（1598-1646）**，字伯祥，一字機部，號玉書，江西清江（今江西樟樹）人。晚年自號兼山，意在效法文天祥（號文山）、謝枋得（號疊山）這兩山的氣節。崇禎四年（1631）進士，改庶起士，授編修。其性勤學好古，聞名翰林，充講官兼直經筵，與黃道周、倪鴻寶並以文章節義名天下，稱為「三翰林」。當時清兵之患正熾，楊廷麟力爭主戰，曾上疏痛斥朝廷中主和的大臣。楊嗣昌恨之，謊稱楊廷麟知兵，改授以兵部職方主

事，贊盧象升軍。象升戰死，都城失守，南都繼陷。唐王於順治二年（1645）手書加廷麟吏部右侍郎，加兵部尚書兼東閣大學士，賜劍，便宜從事。攻複吉安，未幾復失，退保贛州，清兵圍贛半年，守陣者皆懈。順治三年十月四日，清兵登城，楊廷麟督戰，久之，力不支，走西城，投清水塘死。清將賈熊歎道：「忠臣也！」以四扇門為棺，葬於南門外。其事見《明史》卷二百七十八。清吳梅村《梅村詩話》曰：「伯祥書法出入兩晉，仿索靖體。」其書法代表作有《草書五律》立軸，水墨紙本，尺寸：135cm×44.5cm。此幅經清人趙之謙、王望霖、景江錦三家鑒藏。王望霖，清浙江上虞人，字濟倉，號石友，齋名天香樓。景江錦，清浙江仁和人，字蟸門、秋田，號穀水、穀江，齋名紅雪山齋。該作體現了楊廷麟書法揮灑飛揚，有明朱氣象。

**俞可進（生卒年不詳）**，字於漸，明安徽婺源（今江西婺源）人。《御定佩文齋書畫譜》卷四十四引《徽州志》曰：「於漸精鐘、王書法，雲間董玄宰、陳眉公見其所書《黃庭心經》，驚為絕品。」

**俞塞（生卒年不詳）**，字吾體，號無害，江西婺源人。品行高潔，恥隨俗俯仰。清倪濤《六藝之一錄》卷三百七十三引《江寧府志》曰：吾體「少孤，客游金陵不能歸，自更其姓為獨孤。精究《易》理，工楷書，善醫」。著述甚多，均佚，存者唯五七言近體詩。

**汪徽（生卒年不詳）**，明徽州婺源（今屬江西）人。字仲徽。工書、詩、畫，尤工秦、漢圖章，時稱「四絕」。《御定佩文齋書畫譜》卷四十三引《徽州志》云：「仲徽詩極壯麗，工八

分書，性傲岸。」

**朱謀㙔**（生卒年不詳），字素臣，號謙山，明宗室，瑞昌王之枝孫。封輔國中尉。清倪濤《六藝之一錄》卷三百七十一引明羅治《十二故人傳》曰：「謀㙔雅好草書，遠宗懷素，近法張東海，間用淡墨枯筆出己意，迫視之若雲篆煙書，口噤不能讀。」

**彭天**（生卒年不詳），字禔卿，號念溪。明江西萬載人。明吳敬《萬載縣誌》曰：「禔卿為高州府經歷，書學二王。」

**宋九德**（生卒年不詳），字士吉，別號官虞，明江西萬載人。明吳敬《萬載縣誌》曰：「士吉篤志博古，工詩文，善楷書，為萬安縣訓導。」

**吳鉞**（生卒年不詳），明江西臨川人。嘗為御史。《御定佩文齋書畫譜》卷四十四引明湯顯祖《玉茗堂集》曰：「吳鉞詩與字俱有法。」

**蕭端嶽**（生卒年不詳），字鎮之，明江西泰和人。明陶宗儀《書史會要》曰：「鎮之工篆書。」

**昊十九**（生卒年不詳），生於嘉靖前期，卒於萬曆後期（1522-1620）。本姓吳，又名吳為，邦字輩，別號十九，以昊十九的排行名於世。明江西浮梁（今景德鎮）人。出身於數代以製瓷為業的家庭，家境清寒，性不嗜利，聰穎博學，工詩善畫，因師承家傳技高一籌而成名。他燒制的薄胎瓷，厚度只有半毫米，奇巧絕倫，晶瑩可愛。最著名的有「卵幕杯」和「流霞盞」。「卵幕杯」曾被譽為歷史上九大登峰造極的瓷器之一，它薄如蛋殼，一枚重約半銖（約合1.1克），輕若浮雲，惟妙惟肖。他製造的「流霞盞」，其胎薄如蟬羽，色明如璣珠，猶如晚霞飛渡，光彩

照人。昊十九還擅長書法，善於製壺。他做的壺，顏色淡青，很像宋代官窯、哥窯製品，壺底款為「壺隱道人」。他的書法與元代大書法家趙孟頫近似，佳瓷好字融為一體，使他燒製的瓷器更令人喜愛。因為他製作的瓷器別具一格，所以人們把他的窯稱為壺公窯，凡屬壺公窯製品，四方不惜重價搜求，一時馳名天下。明李日華《紫桃軒雜綴》記載：「浮梁人昊十九者，能吟，書逼趙吳興，隱陶輪間，與眾作息。所制精瓷，妙絕人巧。嘗作卵幕杯，薄如雞卵之幕，瑩白可愛，一枚重半銖，又雜作宣、永二窯，俱逼真者。而性不嗜利，家索然，席門甕牖也。餘以意造流霞不定之色，要十九為之，貽之詩曰：『為覓丹砂到市廛，松聲雲影自壺天。憑君點出流霞盞，去泛蘭亭九曲泉。』樊御史玉衡亦與之遊，寄詩云：『宣窯薄甚永窯厚，天下馳名昊十九。更有小詩清動人，匡廬山下重回首。』十九自號壺隱道人，今猶矍。」清王士禎《帶經堂詩話》卷二十二「古器類」也有類似的記載。在故宮博物院，藏有昊十九所做的壺公窯嬌黃凸雕九龍方盂，口有銘文曰：「鉤爾陶兮文爾質，龍函潤珠旭東壁。萬曆昊為制。」一九七三年在景德鎮市境內，出土了一塊昊十九兄弟吳十的墓誌，這是一塊世所少見的青花瓷圓形墓誌，直徑二十二釐米，志文以青料盤書，共三百六十二字，從中可推知昊十九的姓氏與身世。

　　**祝世祿**（1569-？），字世功，號無功，又號石林（據《四庫全書》本明鄒元標《顧學集》卷五下《黟縣天中書院記》），江西德興（一作鄱陽）人。明朝著名學者。約在明神宗萬曆三十年前後在世。明萬曆十七年（1589）進士，考選為南科給事。歷尚

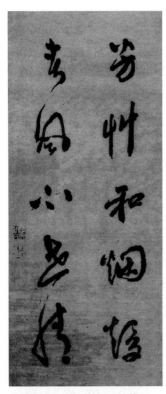

▲ 圖1-72　祝世祿五言聯

寶司卿。耿定向講學東南，祝世祿從之游，與潘去華、王德孺同為耿門高弟。祝世祿工詩，善草書，用筆蒼勁，風骨爛漫，縱逸瀟灑。著有《環碧齋詩集》三卷、《尺牘》三卷及《環碧齋小言》等。《四庫全書總目提要》收入存目書。祝世祿擅長書法，在明萬曆間的南京書壇，是一個相當活躍的人物。明姚旅在《露書》卷十二「諧篇」中，描述了當時活躍在金陵各個階層的知名人物，其云：「壬寅金陵有十忙：祝石林寫字忙，何雪漁圖書忙，魏考叔畫畫忙，汪堯卿代作忙，雪浪出家忙，馬湘蘭老妓忙，孟小兒行醫忙，顧春橋合香忙，陸成叔討債忙，程彥之無事忙。」[12]

祝世祿因善書而名列榜首。從中可以反映出祝世祿在當時金陵書壇的名聲之盛。其傳世墨蹟有《七絕詩軸》，行草，共三行，三十字。刊於日本《明清書道圖說》。此詩軸中鋒用筆，下筆沉著痛快，筆墨酣厚，貌似拙筆，卻顯凝練、純淨；墨法尤其老練，

---

**12** 姚旅：《露書》，收入《四庫全書總目提要》子部雜家類存目五。

且善用枯筆；全篇佈局穿插避讓，大小錯落，欹正相參，頗富變化，行間呼應，顧盼生姿；氣勢雄奇跌宕，咄咄逼人，體現了作者隨心所欲的豪情和自然妥帖的空間處理功夫。此外，有五言聯「芳草和煙暖，春風不老情」（圖 1-72），草書，筆勢起伏多變，墨色燥潤結合，得顏真卿行書之精髓。五言聯「草色和雲暖，梅花帶月寒」，草書，筆筆圓實，氣勢放縱，墨色濃黑，似用健毫寫成。七言聯「一簾花影三更月，萬壑松聲半夜風」，行草，筆劃瘦勁而有彈性，結體緊密，佈局疏朗，氣韻清雅。

　　**何震（約 1541-1607）**，字主臣、長卿，號雪漁。江西婺源人。晚明一位極有名的篆刻家。婺源舊屬徽州，故何震開創的流派也稱徽派、新安派。何震與文彭的關係亦師亦友，他常住南京，與文彭交往，請教篆刻，他的印有受文彭影響的一面，曾與文彭合作數十方，文書篆，何鐫刻，印壇上並稱「文何」。他後來一變文彭典雅秀潤的風格，取法秦漢，易以蒼古流暢、雄健猛利的格調，突破時俗藩籬，脫穎而出，氣勢寬宏，具有漢印的雄健風貌，稱雄印壇，成為印壇「徽派」的開創領袖。何震刻印先從六書入手，認為「六書不精義入神，而能驅刀如筆，我不信也」[13]。提倡在加強

▲ 圖 1-73　何震
「笑談間氣吐霓虹」印

---

**13** 自俞劍華：《中國美術家人名辭典》，上海人民美術出版社 1981 年版，第 259 頁。

▲ 圖 1-74　何震
「雲中白鶴」印及邊款

書法藝術的基礎上，提高印章藝術。他深究古籀，精研六書，孜孜於書篆治印，力主以六書為準則，摒棄元末金石界出現的庸俗怪異和杜撰擅改的陋習。他與文彭獨樹一幟，矯正時弊，實現了書法與刀法的一致，為篆刻的基本理論奠定了基礎，存世有《續學古篇》二卷。何震的印款創用單刀法，著力仿古，生辣峻健，跌宕拙樸，功力獨到，給人以強烈的藝術感染力，時人推崇他為「近代名手，海內第一」的篆刻名家。他曾遊歷邊疆重鎮要塞，每到一處，文人雅士紛至遝來，爭相索印，皆以得其一印為榮。因此盛名遠播，譽滿海內。他創造的單刀切刻的刻款技法，成為清代以來最為流行的風氣。何震逝世後，其學生程原徵集到何氏篆刻作品五千餘印章，囑其子程樸精選一餘印，篆刻成《雪漁印譜》一書，共四卷，使其印藝得到傳世。何震的篆刻作品，如「笑談聞氣吐虹霓」印（圖 1-73），屬於漢印格局，款字曰：「甲辰歲得古鼎一，是日心神舒暢，乃有此作。」可見是他得意之作。此印章法匠心獨運，將「吐氣」二字合一，「笑」「霓」二字下部均呈叉腳，「譚」「虹」二字下端各留出一塊空

白，作對稱狀。「雲中白鶴」印（圖1-74），刀法以沖刀為主，爽利挺勁，章法上形成了疏密對比，使人賞心悅目。「修竹灣」印（圖1-75），大力沖刻，又時時揉入切刀，中鋒側鋒混用，因此線條既暢達又毛澀，有「屋漏痕」之趣。石層崩落處，一任自然，表現了磅礴的氣勢，實開寫意一派的先河。

▲ 圖1-75　何震「修竹灣」印

## 第三節 ▶ 虞集、饒介、解縉

### 一、虞集

　　**虞集**（1272-1348），字伯生，號道園，又號邵庵，仁壽（今江西崇仁）人。大德初，授大都路儒學教授。累官至翰林直學士、奎章閣侍書學士。任《經世大典》總裁。虞集是元代中期最有影響的文臣之一，也是元代最負盛名的詩文家。元時典冊，多出其手。虞集學問博洽，精書畫鑒定，以詩文著稱於世，與楊載、范梈、揭傒斯並稱「元代四大家」。著作有《道園學古錄》《道園類稿》《道園遺稿》《翰林珠玉》《虞伯生詩續編》。事見《元史》卷一百八十一。

　　陶宗儀《書史會要》稱虞集「真、行、草、篆皆有法度，古隸為當代第一」。明王世貞《弇州四部稿》卷一三三載：康裡巙

評虞集信札，「謂其雄劍倚天，長虹駕海，不無曲筆。又謂如鷙雛出巢，神彩可愛」。明李東陽《懷麓堂集》卷四一《書虞邵庵墨蹟後》云「書家者流所謂人品高，師法古者，（伯生）殆兼有之」。

王鏞主編的《中國書法簡史》第五章《宋金元書法》第四節《元代書法》評曰：

> 作為趙孟頫的學生，虞集的書法不僅體現在眾體皆能上，而且淵源出處也與其師極為相同。在趙的學生輩中，虞集可謂典型地具有趙之品格。他的行草宗法二王，深得晉人清朗蘊藉之氣，然章法疏空、結字平和又似子昂；其楷書靈秀虛和，能得鍾繇、陸柬之、楊凝式之三昧；而他的隸書則結體方正，字態安閒，氣息高古。

王玉池主編的《中國書法篆刻鑒賞辭典》評曰：「虞集在任奎章閣侍書學士時博覽天下法書名畫，撰有《奎章閣記》。其書法，真草篆隸，皆有成就。《書史會要》稱「（虞）集真行草篆皆有法度，古隸為當代第一」。其實，虞集的行書嚴謹卻不失端秀，有唐人風韻，也自成一家。

薛永年、趙力、尚剛著《中國美術‧五代至宋元》稱：「虞集書法則楷、行、草、篆諸體兼善，古隸尤為所長。其楷、行、草書均淵源晉唐而自成風貌，大楷書端嚴遒美，小楷、行、草書往往不甚經意而盡合法度，體勢活潑，用墨婉勁，韻度古雅。」

張弘主編的《中國楷書名作鑒賞》評曰：「虞集書法真、

草、篆、隸皆有成就，行書清朗蘊藉，楷書端莊秀媚，用筆灑脫自如、遒勁有力。」

虞集傳世書跡有《蔣山寺詩並序卷》《不及入閣帖》《白雲法師帖》《題畫詩》《題吳興畫》《題杞菊軒詩帖》《劉垓神道碑銘》《即辰帖》、隸書《跋任仁發〈飲中八仙圖〉》及《跋趙孟頫書陶詩》等。

《蔣山寺詩並序卷》，墨蹟本，紙本，行書。縱三十六點二釐米，橫一百點一釐米。共三十三行，三七三字。臺北「故宮博物院」藏。此帖用筆精練嫻熟，點畫簡約，圓潤酣暢，字體行、草相間，結體或斜或正，每行呈縱向流動，行距較疏闊，法度精嚴，神采奕奕，深得王羲之行書流美自然的精髓。

《不及入閣帖》（圖 1-76），墨蹟本，紙本。行草書。縱二十一釐米，橫三十七點七釐米。臺北「故宮博物院」藏。此帖用筆

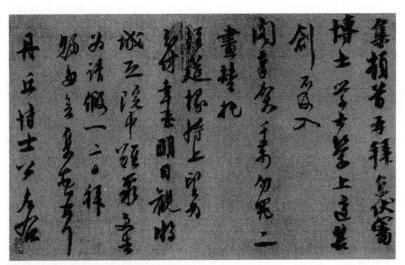

▲ 圖 1-76　虞集《不及入閣帖》

方圓兼備，筆勢靈動，章法疏朗有致，深得晉人韻味，而兼有蘇軾沉雄之氣。

《白雲法師帖》，紙本，縱三十點七釐米，橫五十一點八釐米，行書。北京故宮博物院藏。鑒藏印有項元汴諸印，「董奕少氏」「李肇亨」「桃花源裡人家」及安岐、完顏景賢、何子彰、趙叔彥、張爰、譚敬諸印二十八方，半印二方。《墨緣匯觀‧法書卷》《三虞堂書畫目》著錄。文中自稱「眼昏寫字不多整齊」。虞氏晚年有目疾，並經常在信札中談到，故此帖為其晚年之作。書法行筆環縈，字若連綿，法度險峭，勁健古雅。如王世貞所言：「用筆若草草，而中自遒勁。」

《題畫詩》，墨蹟本，紙本。行楷書。共六行，計六十九字。臺北「故宮博物院」藏。內容是豐敕而作的題畫詩，所題之畫是唐代畫家胡瓌之子胡虔的《汲水蕃部圖》。此帖用筆多中鋒內，精嚴古雅，不難看出其源從楊凝式、出入蘇軾筆意的藝術特點。點畫挺勁純淨，結體緊密而略帶欹側，字距、行距均較疏闊，通篇清新雅麗，古意猶存。若與《不及入閣帖》一起欣賞的話，《不及入閣帖》給人以「洲島驟回合，坼案屢崩奔」的美感享受，而《題畫詩》則讓人想起「吹皺一池春水」。其字裡行間靈活調節空間結構形態的結果，生發出一種清新冷逸之氣，這在唐宋金元書作中並不多見。

《題吳興畫》，此帖書於至正四年（1344），筆劃清勁灑脫，兼有章草的筆意，字字獨立，風清氣爽。

《題杞菊軒詩帖》，墨蹟本，紙本。日本東京書道博物館藏。運筆輕重、緩急時有變化，點畫清勁，結體中宮緊密，形態

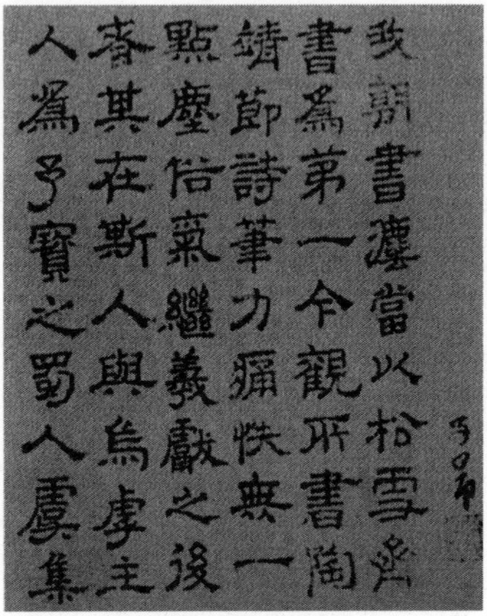

端莊而不板滯，分行布白，疏朗虛和，顯示出深厚的功底和高雅的格調。

《劉垓神道碑銘》，墨蹟本，紙本。楷書。縱三十五釐米，橫七百六十四釐米。共一百四十四行，一一二一字。現藏上海博物館。此卷是虞集應劉垓次子劉成之請而寫的碑文作品。清高士奇跋曰：「虞伯生為有元一代

▲ 圖 1-77　虞集《跋趙孟頫書陶詩》

大手筆，其書往往見於題跋。此卷欲勒碑垂久者，故用意規摹唐人，如端人正士，言動可法。」清張照跋云：「此卷筆力金堅，結體玉立，殆如永興書，內含金剛氣，不愧二王法嗣，大小虞真後先相望也。」此碑用筆圓婉遒勁，點畫精巧，轉折分明，結構寬博穩重，落落大方。巧中寓拙，氣象雍容。字與字、行與行間，舒朗開放，於雄健中顯靈動，剛拔中顯凝重，雖有趙孟頫風貌，卻比趙書挺拔雄峻，誠為書中佳作。

《跋任仁發〈飲中八仙圖〉》，紙本，墨蹟本。隸書。縱二十六點七釐米，橫五十七點七釐米。臺北「故宮博物院」藏。此帖書於泰定二年（1325），筆劃挺勁，結體端莊平正，氣韻含蓄優雅。

《跋趙孟頫書陶詩》（圖 1-77），隸書。北京故宮博物院藏。

此帖把隸書的筆劃融入楷書，結體以長形為主，筆劃波折有力，字距較大，行距較密，端莊而不拘謹，拙中寓秀，獨具特色。

## 二、饒介

　　**饒介**（？-1367），字介之，號華蓋山樵，又號醉翁、醉樵、芥叟等。臨川人。游建康（今南京）。元時自翰林應奉出僉江浙廉訪司事。元末張士誠據吳（蘇州）時慕其名，召為淮南行省參知政事。安家於採蓮涇上，日以觴詠為事。張士誠敗，俘至南京，為朱元璋所害。其性格倜儻豪放，以詩書名世，「學問器識，卓然為士大夫翹楚」（元陳基《夷白齋集》）。著有《陶情集》。饒介善書，家多藏法書，若《蘭亭》數十本，晚又獲《定武刻本》。其書初從晉人出，康里子山在南台時，饒介曾得其親授，後上溯懷素、王獻之，明陶宗儀《書史會要》稱其「草書亦飄逸」，「評者謂不減懷素」（明王達善《耐軒集》）。明李日華《六研齋筆記》稱其書圓勁暢朗，神追大令。清錢謙益《列朝詩集小傳》稱其書似懷素，詩似李白。明崇禎年間姜紹書曾評其《行草韓柳文卷》謂：「入山陰堂廡，有純綿裹鐵之致。此卷大令法，草韓柳文（《孟東野序》及《梓人傳》）醉墨淋漓，鳳翥鸞翔，似欹反正。」[14]使人想見其豪放酣暢。饒介傳世作品有《致士行國士先生尺牘》《贈僧幻住詩》《七絕詩帖》《題趙孟頫百尺梧桐

---

**14** 見《石渠寶笈續編》，轉引自黃惇《中國書法史‧元明卷》，江蘇教育出版社 2002 年版，第 77 頁。

軒圖詩》《蘭亭帖》。

　　《致士行國士先生尺牘》，墨蹟本，紙本。行草書。尺牘一則。共十二行，九十字。縱三十點四釐米，橫四十三點九釐米。臺北「故宮博物院」藏。此卷以外拓筆法運行，迅疾而穩健，筆劃圓暢勁利，有王獻之、米芾之遺風，而又融入章草筆意，氣勢豪放處，又頗似狂僧懷素。

　　《贈僧幻住詩》（又名《中峰幻住像偈卷》）（圖 1-78），墨

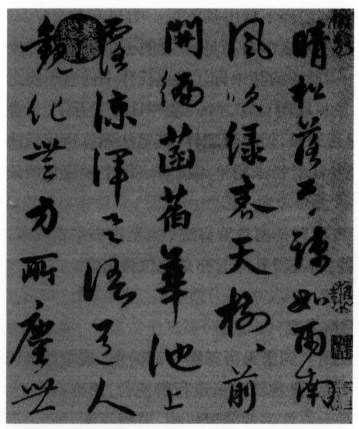

▲ 圖 1-78　饒介《贈僧幻住詩》

蹟本，紙本。行草書。縱二十六點三釐米，橫一零九點一釐米。臺北「故宮博物院」藏。此卷書於至正二十五年（1365），運筆圓潤挺勁，兼有章草的筆意，結體端莊秀美，筆勢自然靈動，遠承王獻之外拓之法，而又富有自己的感情色彩。

《七絕詩帖》，墨蹟本，紙本。行書。書七絕一首。縱二十四點八釐米，橫四十二點八釐米。臺北「故宮博物院」藏。此帖有楷法之沉穩，兼具草書之飛動。筆劃圓潤酣暢，雖遊絲亦健美。結體欹正相生，俯仰有致，疏密得宜，姿態萬千。

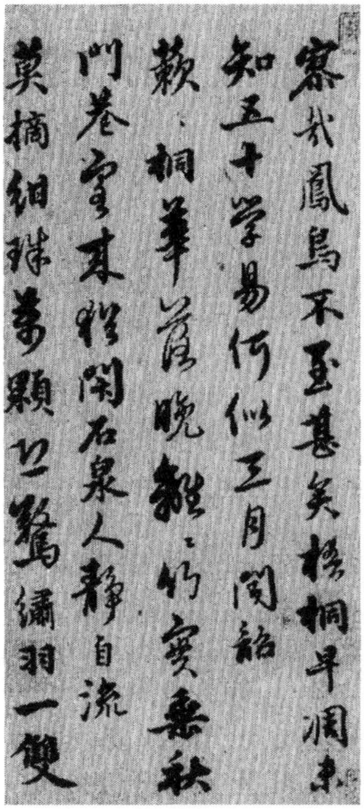

▲ 圖 1-79　饒介《題趙孟頫百尺梧桐軒圖詩卷》

《題趙孟頫百尺梧桐軒圖詩卷》（圖 1-79），墨蹟本，紙本。行書。共十五行。上海博物館藏。此卷書於至正二十五年（1365），書法的王羲之父子和懷素的精神，而又略摻章草筆意。筆力精到，點畫流暢自然，筆鋒的正與側，力度的輕與重，速度的快與慢，結體的疏與密，章法的虛與實等，均恰到好處。全篇行筆收放合度，風神俊朗，韻味清雅，可窺其浸淫晉人之深。

饒介在蘇州時，為蘇州地區文化圈中的重要人物，元末明初有影響的書家宋克、宋廣均出其門下，其中宋克通過饒介出色地繼承了康

里子山的筆法，並糅合古人意趣，創造出風靡明初的新書風。**15**

## 三、解縉的書法理論和創作

**解縉**（1369-1415），字大紳，一字縉紳，號春雨。江西吉水人。洪武二十一年（1388）進士，授中書庶起士，太祖稱其才，改御史。因直言敢諫，得罪權臣，罷官家居八年。其間杜門纂述，改修《元史》《宋史》，刪定《禮經》。建文帝時再度出仕。永樂初年，進侍讀學士，與黃淮、楊士奇、胡廣、金幼孜、楊榮、胡儼並直文淵閣，參與機要。永樂二年（1404），擢任翰林學士，兼右春坊大學士，奉命總裁《太祖實錄》，主持纂修《永樂大典》《古今列女傳》等書。早在洪武中，解縉因擅書而受到朱元璋的寵信。據《列朝詩集》載：「縉為庶起士，高皇帝（朱元璋諡號）極愛之，每侍書至親為持硯。」永樂五年（1407）解縉因「泄禁中語」「廷試讀卷不公」而被謫廣西為布政司參議，改謫交趾（今越南）。永樂八年（1410）入京奏事，時成祖離京北征，解縉謁太子還，旋以「私覲太子」「無人臣禮」之罪，於永樂九年被捕入獄，永樂十三年被錦衣衛以酒醉後，埋積雪中而死。時年四十七歲。著有《解文毅集》十六卷。**16**

解縉自幼聰明過人，才氣放逸，出口成章，在當時有才子之

---

**15** 參考黃披雲《中國書法大辭典》第 663 頁、黃惇《中國書法史·元明卷》第 77 頁。

**16** 參考《江西歷代人物辭典》第 179 頁，黃惇《中國書法史·元明卷》第 202-203 頁。

名。清代汪陞《評釋巧聯》載:「胭脂菊上擎霜,紅顏傅粉;翡翠松間掛月,鐵爪拏珠。解大紳六歲時,有友人謁其尊人,留賞菊。尊人命大紳出侍酒,友人出此對,即答之。對得工穩。」[17]載:「仙女吹簫,枯竹節邊生玉筍;佳人撐傘,新荷葉底露金蓮。解學士七歲時,隨父同出,見有妓者吹簫,父命此對,學士答之。簫是枯竹節,玉筍比仙女手,而『玉筍』與『枯竹』相合。出句已巧。傘如新荷葉,金蓮比佳人足,而『金蓮』與『新荷』相貫,對句亦精。」[18]又載:「千年老樹為衣架,萬里長江作浴盆。解學士九歲時,父攜江濱洗浴,以衣置老樹上,因出此對,學士答之。兩下俱是就其當時之事而言,已為切當。而出句固有『振衣千仞岡』之思,對句亦有『濯足萬里流』之概也。」[19]又載:「船尾拔釘,孔子生於舟末;雲間閃電,霍光出自漢中。解縉一日同友人舟行,見舟人拔船尾釘,以換新者。友人出此對,解答之。下句俱以成語形容上句,亦巧極矣。然所出下句,頂上句『船尾』二字言之,乃宜用此『舟』字,以影彼『周』字也。」[20]范范《古今滑稽聯話》載:「解大紳與同僚在舟中飲酒,有青蛙躍出水面。同僚云:『出水蛙兒穿綠襖,美目盼兮。』時解方食蝦,即舉以對云:『落湯蝦子著紅袍,鞠躬如也。』」[21]又

**17** 龔聯壽:《聯話叢編》,江西人民出版社 2000 年版,第 131 頁。

**18** 《聯話叢編》,第 135 頁。

**19** 《聯話叢編》,第 69 頁。

**20** 《聯話叢編》,第 98 頁。

**21** 《聯話叢編》,第 4297頁。

載：「解大紳滑稽善對，嘗與某君坐。某君曰：『有一書句，甚難其對。』解問之，曰：『色難。』解曰：『容易。』某君不悟，促之曰：『既云易矣，何久不對？』解曰：『適已對矣。』某君始悟『色』對『容』、『難』對『易』，為之一笑。」[22]這些例子足以說明，解縉才思敏捷，性格詼諧灑脫。

據明代曾棨《巢睫集》所記，洪武時「公為中書庶起士，嘗應制《春雨詩》《養鶴賦》，操筆而成，造語奇崛。時中書舍人詹孟舉以書明世，亟稱公書有法，而用筆精妙，出人意表」。又《列卿記》記其在成祖時事，云：「文皇正位，雅聞縉名，召置左右，進侍讀學士。其文雅勁奇古，逼司馬子長、韓退之；詩豪宕豐贍，似李、杜；書小楷精絕，行草皆佳。」[23]

李東陽《懷麓堂詩話》稱其詩真偽相半，後人竄亂較多。其詩集中如《聽琴歌》《將進酒》《中秋不見月》等詩豪蕩恣肆，充滿才情，有太白之風。解縉有較多應制詩作，如《武英殿喜雨》《隨駕登紫金山賜果》《早朝》等，內容空泛，藝術價值不高。而一些小詩卻意象鮮明，語言生動，氣度不凡。如《西行》：「八千里外客河湟，鳥鼠山頭望故鄉。欲問別來多少恨？黃河東去與天長。」以「八千里」形容路途之遠，以「黃河東去與天長」比喻離別的愁苦，雖從李煜「問君能有幾多愁？恰似一江春水向

**22** 《聯話叢編》，第 4334 頁。
**23** 《中國書法史‧元明卷》，第 203 頁。

東流」二句點化而成，卻自然貼切，別有韻味。**24**

永樂五年（1407）解縉因「泄禁中語」「廷試讀卷不公」而被謫廣西出為布政司參議。離京赴任前，外甥彭雲路前來話別，促膝傾談至深夜。次日，解縉作《赴廣西別甥彭雲路》詩云：「多情為我謝彭郎，採石江深似渭陽。相聚六年如夢過，不如昨夜一更長。」第一、二句把舅甥之間的深厚情意比作採石江深，第三、四句回想起舅甥相處六年的親切往還的生活情景，也寄寓著對自己未來命運感到悵惘、茫然的思緒。此詩寫得平易曉暢，爽快率直，一自胸中流出，表現瞭解縉快人快語的個性特徵。**25**

## （一）解縉《春雨雜述》中的書法觀點

解縉論書之語主要見於《春雨雜述》，「工夫精熟」是他反復強調的觀點。

明初書家大多沿襲元人之風，取法魏晉以來帖學，注重功力。解縉論書同樣表現了這種主張，他在《春雨雜述‧學書法》一條中說：

> 學書之法，非口傳心授，不得其精。大要須臨古人墨蹟，佈置間架，捏破管，書破紙，方有工夫。張芝臨池學

---

**24** 參考吳海、曾子魯主編《江西文學史》，江西人民出版社 2005 年版，第 393 頁。

**25** 參見錢仲聯等編《元明清詩鑑賞辭典》，上海辭書出版社 1994 年版，第 330 頁。

書，池水盡墨。鐘丞相入抱犢山十年，木石盡黑。趙子昂國
公十年不下樓。子山平章每日坐衙罷，寫一千字才進膳。
唐太宗皇帝簡板馬上字，夜半起把燭學《蘭亭記》。大字須
藏間架，古人以篲濡水，學書於砌，或書於几，几石皆
陷。**26**

可見他提倡勤學苦練，以為書法之工來源於傳授和臨摹，只
有通過千百遍的練習，方能掌握其中規律，因而他稱讚古人勤于
習書的精神。圍繞著工夫，解縉提出了兩方面的要求：師承和方
法。

就師承而言，解縉強調書法的傳授，他《評書》一條中說：

學書之法，非口傳心授，不得其門。自羲、獻而下，世
無善書者。惟智永能寤寐家法，書學中興，至唐而盛。宋家
三百年，惟蘇、米庶幾。元惟趙子昂一人。皆師資，所以絕
出流輩。吾中間亦稍聞筆法于詹希原，惜乎工夫未及，草草
度時，誠切自愧赧耳。

可見他極重視口傳心授的作用，強調作書宜學有所本，師資

---

**26** 頁 326-327 引文皆出自《春雨雜述》，上海書畫出版社、華東師範大學
古籍整理研究室《歷代書法論文選》，上海書畫出版社 1979 年版，第
495-501 頁。

深厚，智永之所以能開啟隋唐一代之書，緣於其得二王真傳；蘇、米、子昂皆胎息前人，故能獨步當時；解縉自己也說得筆法於詹希原。詹氏為元明之際的著名書家，尤善大字，豐坊《書訣》中論題署書曰：「本朝惟孟舉（詹希原字）可配古人，自後未見其比也。」可見其書功之深厚。《春雨雜述》中專門立「書學傳授」一條，歷敘從蔡邕直至明初的書學傳授譜系，以為書法之秘代代相傳，要想臻其要妙，非得其正傳不可。稍後的豐坊《書訣》中也以為執筆、運筆之法歷代相傳，以為前人之書「雖所就不一，要之皆有師法，非孟浪者」。以項穆之《書法雅言》則首標「書統」，可見解縉之說的影響。

　　就方法而言，解縉對於執筆、用筆、結構章法等都很注重。其《書學詳說》一條中就對上述各方面都詳加論述，認為「今書之美自鍾、王，其功在執筆用筆」。如他論執筆法說：

　　　　執之法，虛圓正緊，又曰淺而堅，謂撥鐙，令其和暢，勿使拘攣。真書去毫端二寸，行三寸，草四寸。掣三分，而一分著紙，勢則有餘；掣一分，而三分著紙，勢則不足。此其要也。而捺、鉤揭、抵拒、導送，指法亦備。其曰者，大指當微側，以甲肉際當管傍則善。而又曰力以中駐，中筆之法，中指主鉤，用力全在於是。又有扳罾法，食指拄上，甚正而奇健。撮管法，撮聚管端，草書便；提筆法，提挈其筆，署書宜。此執筆之功也。

　　他認為執筆的原則是「虛圓正緊」，「令其和暢，勿使拘攣」；

執筆的高低要根據真、行、草等不同的書體而定。執筆的方法有「捺、鉤揭、抵拒、導送」法即五指執筆法，此外還有「扳豎法」「撮管法」等。

又如他論用筆說：

> 若夫用筆，毫釐鋒穎之間，頓挫之，郁屈之，周而折之，抑而揚之，藏而出之，垂而縮之，往而復之，逆而順之，下而上之，襲而掩之，盤旋之，踴躍之，瀝之使之入，蚓之使之凝，染之如穿，按之如掃，注之趨之，擢之指之，揮之掉之，提之拂之，空中墜之，架虛搶之，窮深掣之，收而縱之，蟄而伸之，淋之浸淫之使之茂，卷之鬘之，雕而琢之使之密，覆之削之使之瑩，鼓之舞之使之奇。喜而舒之，如見佳麗，如遠行客過故鄉，發其怡；怒而奮激之，如撫劍戟，操戈矛，介萬騎而馳之也，發其壯。哀而思也，低回戚促，登高吊古，慨然歎息之聲；樂而融之，而夢華胥之遊，聽鈞天之樂，與其簞瓢陋巷之樂之意也。

這裡詳述了用筆的頓挫、盤屈、回環與轉折、按下與上舉、潛藏與顯露、下垂與上縮、前行與回復、逆行與順行等多種變化，強調了筆勢盤旋、踴躍、重按、傾注、彈跳、揮舞、提走、空中運轉等動感力度，也涉及了字體的收放、疏密、奇正等問題，而且聯繫到作者的主觀情感，指出了喜怒哀樂的感情可表現於筆墨之間的特點。

關於結體、章法，解縉也闡述得非常具體，他說：

是其一字之中，皆其心推之，有絜矩之道也。而其一篇
之中，可無絜矩之道乎？上字之於下字，左行之於右行，橫
斜疏密，各有攸當。上下連延，左右顧矚，八面四方，有如
佈陣：紛紛紜紜，鬥亂而不亂；渾渾沌沌，形圓而不可破。

　　他以為一篇之中，上下左右都應互相照應，如軍中佈陣，八
方完備。他舉出王羲之《蘭亭序》的例子，以為其佈陣照應完美
無缺，「增一分太長，虧一分太短」；「縱橫曲折，無不如意，毫
髮之間，直無遺憾」。他於近人中最推重趙孟頫和詹希原，認為
他們在書法之篇章結構上深得右軍之旨，「今欲增減其一分，易
置其一筆、一點、一畫，一毫髮高下之間，闊隘偶殊，妍醜迥
異」。最後他總結說：

　　是以統而論之，一字之中，雖欲皆善，而必有一點、
畫、鉤、剔、披、拂主之，如美石之韞良玉，使人玩繹，不
可明言；一篇之中，雖欲皆善，必有一二字登峰造極，如
魚、鳥之有鱗、鳳以為之主，使人玩繹，不可明言：此鍾、
王之法所以為盡善盡美也。

　　他以為一字之中必有一筆振起，一篇之中，必有一二字極
妙。正如陸機《文賦》中論作文云：「立片言而居要，乃一篇之
警策；雖眾詞之有條，必待茲而效績。」這樣的論述都是頗合符
藝術辯證法的。
　　王鎮遠《中國書法理論史》云：「解縉論書強調工夫，所謂

工夫，表現在學有師承和盡其格法兩個方面，並以為由工夫精熟而後可臻自然超妙的境界。」[27]解縉《春雨雜述》指出：鍾王「遺跡偶然之作，枯燥重濕，穠淡相間，蓋不經意肆筆為之，適符天巧，奇妙出焉。此不可以強為，亦不可以強學，惟日日臨名書，無吝紙筆，工夫精熟，久乃自然」。可見他以為自然奇妙是出於日日臨寫的功夫，故他強調學書必須從模仿古人入手，「先儀骨體，後盡精神。有膚有血，有力有筋。其血其膚，側鋒內外之際；其力其筋，毫髮生成之妙。絲來線去，脈絡分明。描揚為先，傍摹次之；雙鉤映擬，功不可闕」。他首先求與古人似，要求「對之仿之，如燈取影；填之補之，如鑑照形；合之符之，如瑞之於珥也；比而似之，如睨伐柯；察而象之，詳視而默記之，如七十子之學孔子也。愈近而愈未近，愈至而愈未至，切磋之，琢磨之，治之已精，益求其精」。他以極形象的比喻說明學古求似的重要性，要求反復切磋，琢磨，精益求精。在此基礎上一旦豁然貫通，便能「忘情筆墨之間，和調心手之用，不知物我之有間，體合造化而生成之也，而後為能學書之至爾」。這樣才能達到爐火純青的境界。他在《草書評》一條中說：「學書以沉著頓挫為體，以變化牽掣為用，二者不可缺一。若專事一偏，便非至論。如魯公之沉著，何嘗不嘉？懷素之飛動，多有意趣。」說明他以沉著頓挫的楷法為本，以變化連綿的草書為用的，這種主張也貫穿於他的書法創作之中。

---

27 王鎮遠：《中國書法理論史》，黃山書社 1990 年版，第 341 頁。

## （二）解縉的小楷和草書創作

永樂初年，他與胡廣、王璉等都是成祖身邊有影響的書家，然「永樂時人多能書，當以學士解縉公為首」，「下筆圓滑純熟」。**28**解縉曾在其《春雨雜述》中詳敘《書學傳授》，十分強調「學書之法，非口傳心授，不得其門」。並記錄了自己學書的經歷，說：「吾中間亦稍聞筆法于詹希原，惜乎工夫未及，草草度時，誠切自愧赧耳。」《御定佩文齋書畫譜》卷四十引《書畫記》載：「縉學書得法於危素、周伯琦。其書傲讓相綴，神氣自倍。」可見解縉書法受到危素、周伯琦、詹希原等人的影響，與元代康里巙巙的書法一脈相承。解縉曾官「侍書」，相當於中書舍人，以後他的官職雖要比中書舍人一職高出許多，但仍稱得上是明初重要的宮廷書家，他最擅長的書體是小楷和行草。關於解縉書法的基本風貌，王世貞在《題解大紳書黃庭經》中做了這樣的描述：

> 解春雨才名噪一時，而書法亦稱之，能使趙吳興失價，百年後寥寥乃爾。然世所多見者狂草，其所以寥寥者，亦坐狂草故。今此紙小楷《黃庭》，全摹臨右軍筆，婉麗端雅，雖骨格少遜，卻不輸詹孟舉、陳文東也。**29**

**28** 明吳寬《家藏集》卷五十五《題解學士墨蹟》，《四庫全書》本。

**29** 明王世貞《弇州山人四部稿續稿》卷一百五十七，《四庫全書本》。

解縉的狂草最見才情，「名噪一時」，「能使趙吳興失價」；其小楷「婉麗端雅」「骨格少遜」。在解縉身上，似乎典型地顯示了當時書家的極端的兩面性。一面是應制，寫工細的臺閣體小楷，另一面則是大幅的狂草書。這種大幅立軸的狂草，在元代幾乎沒有，即便有立軸作品，尺幅也很有限。因此這種大幅草書立軸的樣式，很有可能亦是此

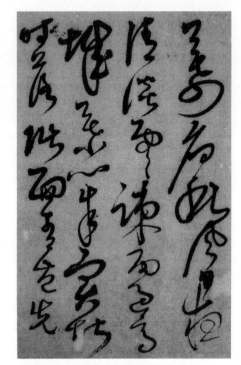

▲ 圖 1-80　解縉《草書唐宋詩文》

時為適應宮廷懸掛佈置需要而風行起來的，明初的宋璲以及解縉、沈粲等均有這類大幅草書作品傳世，很能說明問題。兩種書體相較，草書當然更能體現作者的性情，所以在解縉傳世的大草作品中，存有狂放不羈的連綿草也就不足為怪了。解縉傳世楷書作品有《金剛經冊》，草書作品有《草書唐宋詩文》《草書文語立軸》等。

《草書唐宋詩文》（圖 1-80），現藏北京故宮博物院，全篇用筆如走馬奔陣，狂放連綿，滿紙纏繞畫圈，文字幾不可識，用筆「圓滑純熟」，重形式而輕實質，完全為了視覺上的刺激，因此

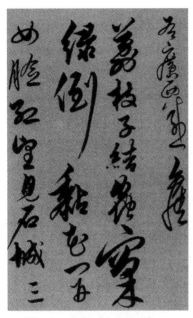

▲ 圖1-81　解縉《自書詩卷》

他的草書有著一種極端的傾向。王世貞在《藝苑卮言·附錄三》中評價解縉草書時帶有諷刺意味地說：解大紳「狂草名一時，然縱蕩無法，又多惡筆，楊用修（慎）目為鎮宅符」[30]。

解縉當然並非是不通法度之輩，他的行草作品《跋李邕古詩四帖》《自書詩卷》等，因非懸之庭堂的大幅，寫得頗具風姿。《自書詩卷》（圖1-81），紙本，行草書。縱三四點五釐米，橫四百七十點八釐米。北京故宮博物院藏，又見《正續三希堂法帖》。此帖筆勢活潑跳蕩，忽藏忽露，忽放忽收；結體忽大忽小，忽正忽斜，忽長忽短，變化多端；章法跌宕起伏，充滿婉麗流動之美。陸深《跋解學士書卷》評曰：「解公才名蓋世，其翰墨奔放，而意向特謹嚴。」[31]因此解縉的書法，實不應以一時一作而定，他的多

---

**30** 《弇州山人四部稿》卷一百五十四。

**31** 陸深《陸儼山集》卷八十九，轉錄自黃惇《中國書法史·元明卷》，第204頁。

面性，與他所處的生存環境不無關係，是值得認真分析的。

雖然歷來評價解縉對書法史的影響，往往以草書論之，而其實質則仍在宮廷書風的籠罩下。明永樂時代宮廷書家的書法，實際上主要由小楷與草書這一工一草的兩極構成。臺閣體小楷因是詔誥、宮廷用書的必須，加上謄寫《永樂大典》的巨大工程與科舉八股的效仿，當然影響要大得多，可視為臺閣體的主流；但從藝術角度論，另一極的草書，儘管我們認為它是與宮廷佈置懸掛需要相合拍的，但因此而促進了草書的發展，所以其意義不可同論。就此而言，沈粲、解縉及善草的其他宮廷書家的草書，仍有一定的時代價值。解縉卒後，其侄解禎期於仁宗時（1424-1425）因善書選為天下第一，召為中書舍人，評者以為「不失春雨（解縉）門風」**32**。

## 第四節 ▶ 元代、明代在江西為官的外省籍書法家

### 一、元代

元代在江西為官或隱居的外省籍書法家有姚燧、道童、郭畀、伯顏不花的斤。

**姚燧**（1238-1313），字端甫，號牧庵。元洛陽（今屬河南）人，祖籍營州柳城（今遼寧朝陽）。至元七年（1270），始為秦

**32**《弇州山人續稿》卷一百六十三《續名賢遺墨卷》。

王府文學。至元間，官陝西漢中道提刑按察司副使、翰林直學士、大司農丞。元貞元年（1295），以翰林學士應詔修《世祖實錄》。大德五年（1301），出為江東廉訪使，九年（1305）拜江西行省參知政事。至大元年（1308）入為太子賓客，進承旨學士，尋拜太子少傅；二年（1309）授榮祿大夫，翰林學上承旨，知制誥兼修國史；四年後告歸。《元史》卷一百七十四有傳。姚燧為當世名儒，古文與虞集並稱，散曲與盧贄齊名。著有《牧庵文集》。元吳萊《淵穎集》卷二《題姚文公草書杜少陵詩手軸崔仲德所藏》：「彭蠡東流白泱泱，匡盧五老青開張。我公晏坐展詩史，燈下挷管草數行。目了手熟快掣電，筆銛紙搗明含霜。鸞鳳盤回忿舞躍，蛟龍崛強高騰驤。」明王世貞《弇州四部稿》卷一百三十六《王重陽仙跡記》云：姚燧「書法全學《宋文貞碑》，比之孫李，不作墨豬氣」。陶宗儀《書史會要》稱姚燧書宗顛素。馬宗霍《書林藻鑒》評曰：「姚先生如上帝陰兵，舉世不識，恍惚變現，要以

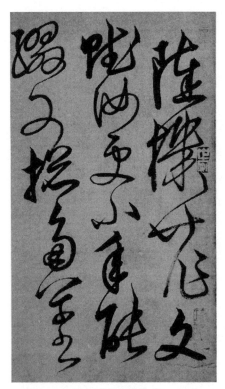

▲ 圖 1-82　姚燧《草書詩》

氣勝。」傳世書跡有《書重陽仙跡記》《草書詩》。《草書詩》（圖1-82），用筆勁放，氣韻貫通，從此帖中可以看出懷素的遺風。

**道童（生卒年不詳）**，高昌（現位於新疆吐魯番市東四十五公里）人，自號石岩。性格深沉寡言。以世冑入官，授直省舍人，歷官清顯，素負能名。調信州路（治在今江西上饒市）總管，移平江，皆以善政稱。至正元年（1341），遷大都路達魯花赤（蒙古語，意為「鎮守者」，漢文稱「監」），出為江浙行省參知政事，尋召參政中書，頃之，又出為江浙行省右丞，遂升本省平章政事。十一年，詔仍以平章政事行省江西。十二年，與伯顏、普顏不花共守江州（今江西九江）。朝廷以道童捍城有功，加大司徒、開府，賜龍衣御酒。十八年（1358）四月，陳友諒復攻江西城，道童棄城退保撫州路，渡水，未登岸，被陳友諒部下殺害。賜諡忠烈。《元史》卷一百四十四有傳。明陶宗儀《書史會要》謂道童工大字，能作雙鉤書。

**郭畀（1301-1355）**，號雲山、退思，祖籍洺水（即洺河，在今河北南部），居於京口（今江蘇鎮江）。二十歲時任鎮江儒學學錄。歷任饒州路鄱陽（今屬江西）書院山長、處州青田縣臘原巡檢等職。郭畀工書畫，書法學趙孟頫。畫仿米芾，又師事高彥敬，得其筆法，與無錫畫家倪瓚為好友。酒後作畫，興到神來，為人所寶。山水有米家風範，尤善竹木窠石，極富天趣。傳世作品有藏於日本京都國立博物館的《幽篁枯木圖》等。著有《退思集》。另有《雲山日記》，記載他在鎮江和遊歷杭州一年之事，其中有不少鄉邦文獻資料。清代節選為《客杭日記》刊行。郭畀書法作品有《陸遊自書詩跋》《七言律詩帖》等。《陸遊自書詩跋》

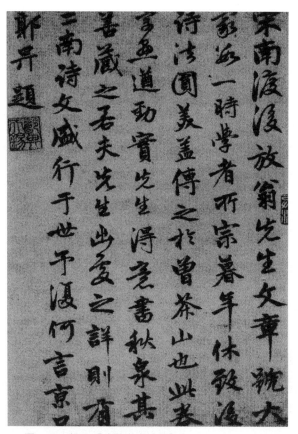

▲ 圖 1-83　郭畀《陸遊自書詩跋》

（圖 1-83），約書於一三二一年，紙本，行書。高三十釐米，橫
二十三點八釐米。遼寧博物館藏。這幅行書端秀多姿，勁利挺
拔，師承趙孟頫，但不及趙字的圓潤妍媚。《七言律詩帖》，紙
本，行書。高二十七點二釐米，寬四十二點六釐米。臺北「故宮
博物院」藏。此帖可能書於晚年，用筆硬朗、沉著，結體略帶欹
側，已擺脫趙字平和婉麗之風，表現出生辣、狠重的特點。

　　**伯顏不花的斤**（？-1359），《畫史會要》作伯顏不花，字蒼巖，畏吾兒氏。高昌王孫，鮮于樞外甥。初以父蔭同知信州路（治在今江西上饒市）事，移建德路，以功升為本路總管。至正十六年（1356），授衢州路達魯花赤。至正十七年（1357），升浙東都元帥，守禦衢州。頃之，擢江東道廉訪副使，階中大夫。十八年，陳友諒攻信州（今江西上饒市），伯顏不花的斤自衢州引兵救援，力守孤城，自刎而死，諡桓敏。《元史》卷一百九十五有傳。伯顏不花的斤倜儻好學，曉音律，善草書，又畫龍。明陶宗儀《書史會要》謂其草書似其舅鮮于樞。

## 二、明代

　　明代有劉基、俞貞木、汪廣洋、蕭質、林瑜、董紀、韓雍、林鶚、林俊、陳沂、王陽明、李夢陽、周用、陳煒、潘恩、張元澄、王慎中、朱曰藩、白悅、徐圖、米萬鐘、詹希賢等。

　　**劉基**（1311-1375），字伯溫，諡文成，漢族，青田縣南田鄉（今屬浙江省文成縣）人。元統元年（1333）考中進士。在家閒居三年。至元二年（1336），授為江西高安縣丞。他剛正不阿，勤於職守，執法嚴明，很快就做出了政績，贏得了百姓的讚譽。隨後辭官返回青田，至正三年（1343），朝廷徵召他出任江浙儒副提舉，兼任行省考試官。至正六年（1346），劉基接受好友歐陽蘇的邀請，與歐陽蘇一同來到丹徒，過半隱居的生活。以教授村裡的子弟讀書來維持生活，偶爾和月忽難、陶凱等好友時相往還。至正八年，劉基來到杭州居住，與竹川上人、照玄上人等方外之士時相往來，也與劉顯仁、鄭士亭、熊文彥、月忽難等文士

詩文相和。至正十二年（1352）七月，徐壽輝攻陷杭州，朝廷起用劉基為江浙省元帥府都事，協助當地政府平定以方國珍為首的浙東一帶的盜賊。至正二十年（1360），劉基被朱元璋請至應天（今南京），任謀臣，輔佐朱元璋集中兵力先後滅陳友諒、張士誠等勢力。至正二十七年（1367），參與制訂朱元璋的滅元方略，並得以實現。共參與軍機八年，籌畫全域。明洪武三年（1370），朱元璋為嘉勉劉基的功榮，授命他為弘文館學士。十一月朱元璋大封功臣，授命劉基為開國翊運守正文臣、資善大夫、上護軍，並封為誠意伯。洪武八年（1375），劉基遭胡惟庸下毒暗算，憂憤而卒。武宗正德八年（1513），朝廷贈他為太師，追諡文成。《明史》卷一百二十八有傳。

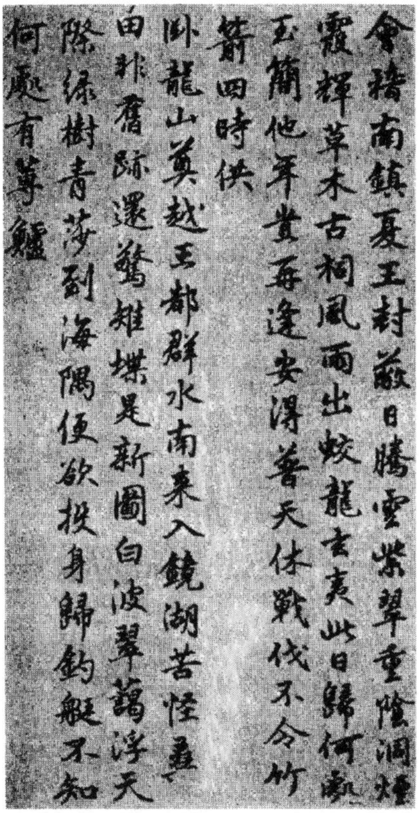

劉基是元末明初軍事家、政治家及詩人，通經史、曉天文、精兵法。他以輔佐朱元璋完成帝業、開創明朝並盡力保持國家的安定，因而馳名天下，被後人比作諸葛武侯。朱

▲ 圖 1-84　劉基《春興詩卷》

元璋多次稱劉基為「吾之子房也」。在文學史上，劉基與宋濂、高啟並稱「明初詩文三大家」。著有《誠意伯集》。明陶宗儀《書史會要》稱劉基善行、草書。劉基的書法作品如《春興詩卷》（圖1-84），紙本，行書。高三十四點二釐米，寬七十六釐米。上海博物館藏。此帖共書寫七律八首，筆劃挺勁，結體方正嚴謹，用筆和結體都明顯受趙孟頫影響，但比趙字顯得更清剛有力。

　　**俞貞木**（1331-1401），初名楨，字有立，以字行，號立庵。少時篤志問學，為人清苦。元末不仕，明洪武初薦為榮昌（今重慶榮昌縣）令，歷都昌（今屬江西）令，請歸。朱棣發動長達四年的靖難之役時，俞貞木反對朱棣篡位，被押送京師論死。明陶宗儀《書史會要》曰：「貞木善小楷，長於用筆，短於結構。」有《立庵集》。

　　**汪廣洋**（？-1379），字朝宗，江蘇高郵人。流寓太平（今安徽當塗）。元末進士。至正十五年（1355）朱元璋渡江，攻下採石磯，召汪進見，汪進呈「高築牆廣積糧」之策略。擢元帥府令史、江南行省提控。後又任都諫官，並相繼調升為行省都事、中書省右司郎中。不久任驍騎衛事，參與常遇春的軍務。至正二十六年，常遇春攻下贛州，汪為留守，任江西行省參政。洪武元年（1368）大將軍徐達平定山東，因汪廉明持重，朱元璋任命他料理山東行省。後入京任中書省參政。二年，出任陝西參政。洪武三年召為左丞相。與當時的右丞相楊憲不和，而遭楊憲彈劾，遠調到海南。後楊憲被誅，汪廣洋被召還回朝，封為護軍忠勤伯。洪武六年，胡惟庸為左丞相，汪廣洋為右丞相。六年，汪廣洋遷廣東行省參政。時過一年，又被召為御史大夫。洪武十年復拜右

丞相。洪武十二年十二月，因劉基為胡惟庸毒死一案遭中丞塗節上奏，朱元璋問及此事，汪廣洋回說不知。朱元璋大怒，斥責汪廣洋朋黨欺君，將他貶謫海南。當船行到太平府（今安徽當塗）時，朱元璋追究其在江西包庇朱文正，在中書省又不揭發楊憲陰謀等罪過，下詔賜毒而死。著有《鳳池吟稿》。《明史》卷一百二十七有傳。汪廣洋通經能文，尤工詩，善隸書。《欽定佩文齋書畫譜》卷四十引明李文鳳《月山叢談》云：「廣洋大字莊重，非時人所及。」又引吳其貞《書畫記》曰：汪廣洋「通經能文，善篆、隸，大書尤工」。

**蕭頁（生卒年及籍貫均不詳）**，字謙用。明洪武八年（1375）為永新（今屬江西）學正。《御定佩文齋書畫譜》卷四十引明烏斯道《春草齋集》曰：謙用「詩有唐人風致，又喜作草書，變化遒勁，能步武羲、獻」。

**林瑜（1356-1423）**，字子潤，號後山，福建龍岩人。明朝洪武年間以「明經」貢生入學太學。洪武二十六年（1393），被授五軍督府斷事中司稽禮。建文元年（1399），升為江西按察使僉事、奉議大夫。永樂初年（1403）被提升為江西按察副使。不久，湖南長沙爆發大規模農民起義，林瑜被派去做招撫工作，農民軍聞風而降。接著又被朝廷派往四川，協助工部尚書宋禮督運籌建北京新都的優質木材。後提升為浙江參政，卒於任上。明陶宗儀《書史會要》稱他「能詩文，善書法」。

**董紀（生卒年不詳）**，字良史，以字行，更字述夫，上海人。洪武十五年（1382）舉賢良方正，廷試對策稱旨，授江西按察使僉事，不久告歸，築西郊草堂以居，終老於家。其文集名

《西郊笑端集》。明陶宗儀《書史會要》稱他「善草書」。

　　**韓雍**（1422-1478），字永熙，明代長洲（今江蘇蘇州）人。正統七年（1442）進士。授御史。巡按江西，鎮壓葉宗留、鄧茂七起義。景泰二年（1451）擢右僉都御史，巡撫江西，劾寧王得罪，被迫辭官。天順間復官，歷官大理少卿、兵部右侍郎。憲宗成化初年，韓雍任右僉都御史，前往廣西大藤峽鎮壓瑤、壯各族盜賊，俘殺首領侯大苟，遷左副都御史，提督兩廣軍務。後被劾，致仕。卒，諡襄毅。有《襄毅文集》。《明史》卷一百七十八有傳。韓雍善書，《御定佩文齋書畫譜》卷四十一引吳其貞《書畫記》曰：「永熙摛詞灑翰，風生泉湧，天才逸發。」

　　**林鶚**（1423-1476），字一鶚，浙江太平（今浙江溫嶺縣）人。景泰二年（1451）進士，授御史。英宗時，升為鎮江知府，有政聲，調知蘇州。成化初，升為江西按察使，歷左右布政使，辦事一以法令為據，成化六年（1470）官至南京刑部右侍郎。卒，諡恭肅。工楷書。《御定佩文齋書畫譜》卷四十一引明汪珂玉《珊瑚網》曰：一鶚「秉禮植義，造次必恭慎，公餘輒危坐閱書史，臨古帖，作楷書」。

　　**林俊**（1452-1527），字待用，號見素，福建莆田人。成化十四年（1478）進士，除刑部主事，進員外郎。上疏請斬妖僧繼曉，並懲辦太監梁芳，觸怒昏庸的憲宗皇帝，謫姚州判官。弘治元年（1488），擢雲南按察副使。弘治五年（1492），調湖廣，十三年任南京右僉都御史。正德時，進右副都御史，巡撫江西。林俊在江西任上，興建義倉、義學、義士塚，庶政一新。正德四年（1509），改任湖廣、四川巡撫。嘉靖元年（1523），升工部

尚書，改刑部尚書。林俊上疏建議「親大臣，勤聖學，辨異端，節財用」等，多不為帝採納，遂於嘉靖二年（1523）辭官。又因嘉靖皇帝杖決大臣，林俊數上疏力救。六年四月卒。穆宗隆慶初贈少師，諡貞肅。有《見素文集》《西徵集》。《明史》卷一百九十四有傳。林俊善書，陶宗儀《書史會要》曰：「俊書宗蘇、米，頗得筆勢。」

陳沂（1469-1538），字宗魯，更字魯南，號小坡，又號石亭。先人以醫籍居於南京，遂入上元縣（今江蘇南京）籍。陳沂

▲ 圖 1-85　陳沂《自作詩卷》

少有文名，善書畫，與顧璘、王韋並稱「金陵三俊」。又與顧璘、王韋、朱應登並稱「江東四大家」。正德十二年（1517）中進士，選翰林院庶起士，歷升編修、侍講，出為江西參議，移山東參政。因不依附張孚敬、桂萼，改太僕寺卿致仕。歸里後，在南京築遂初齋，閉門著述。曾應南京提學御史聞人詮聘請纂修《南畿志》。生平事蹟見《明史》卷二百八十六。清倪濤《六藝之一錄》卷三百六十八引明鄭曉《吾學編》曰：魯南「少好蘇氏學，自號小坡，與顧璘、王韋稱金陵三俊」。又引明周暉《金陵瑣事》曰：「沂書學蘇長公，旁及篆隸繪事，皆稱能品。」陳沂書法作品有《自作詩卷》（圖1-85），書於嘉靖十五年（1536），行書，灑金箋本。高二十九釐米，寬六百四十一點八釐米。上海博物館藏。此帖受蘇軾、米芾行書的影響較大，筆劃飽滿酣暢，結體斜側跳蕩，富有活脫瀟灑的文人情調。

**王守仁**（1472-1528），字伯安。初名雲，更名守仁。浙江餘姚人。是明代最著名的思想家、哲學家、書法家和軍事家。陸王心學之集大成者，非但精通儒家、佛家、道家，而且能夠統軍征戰，是中國歷史上罕見的全能大儒。因他曾在餘姚陽明洞天結廬，自號陽明子，故被學者稱為陽明先生，現在一般都稱他為王陽明，其學說世稱「陽明學」。在中國、日本、朝鮮半島以及東南亞國家都有重要而深遠的影響。有《王文成全書》三十八卷。事見《明史》卷一九五。

王守仁雖是浙江人，但他一生的功名成就與江西有至深的因緣。他二十一歲中鄉試，遍讀朱熹著作。弘治十二年（1499）中進士，任職於工部，後又擔任刑部雲南清吏司主事。正德元年

（1506）武宗朱厚照繼位，太監劉瑾弄權，王守仁因抗疏救援戴銑等人，稱劉等為權奸，被劉瑾廷杖，後系獄，不久貶謫為貴州龍場驛丞。正德三年時他發生重要的思想轉變，以為聖人之道，吾性自足，於是突破朱熹格物窮理的格物致知說，認為所謂理就是人的心理，並在當地建立龍岡書院。貴州提學副使席書聘其主講貴陽文明書院，他在此首次演講知行合一說。劉瑾伏誅後，他歷任南京刑部四川清吏司主事、北京吏部驗封清吏司主事，文選清吏司員外郎、考功清吏司郎中等職，後升任南京太僕寺少卿，與弟子徐愛等人講述他的大學格物新說與知行合一說。後經徐愛記錄整理，成為《傳習錄》，正德八年至滁州督馬政，講學規模漸大，一度強調靜坐，要求就思慮萌動處省察克治。正德十一年（1516），王守仁升任南（安）贛（州）僉都御史，奉命鎮壓贛南農民起義。在軍事鎮壓取得成功後，王守仁強調思想統治，重視教化，提出「破山中賊易，破心中賊難」的思想，使贛南的統治秩序得到恢復。這期間他在贛縣修建濂溪書院，刻印古本《大學》，印發《朱子晚年定論》。其弟子薛侃出版了《傳習錄》。正德十四年他升任都察院右副都御史，六月，他奉旨督兵討伐寧王宸濠在南昌發動的叛亂。僅用三十五日即生擒宸濠。他憑藉傑出的軍事才能，取得了輝煌的功績。他從自己的經歷中總結了經驗，提出「致良知」的學術宗旨，認為這是從百死千難中得來，若信得這三字，譬之操舟得舵。明世宗繼位後，王守仁被任命為南京兵部尚書參贊，封新建伯。此時王守仁因遭到反對派的攻擊、排擠，疏乞歸省，從正德十六年到嘉靖六年（1527）過著退隱生活。其間他續刻增訂《傳習錄》，修建稽山書院，其弟子創

建陽明書院。他的「拔本塞源論」和一系列重要書信及《傳習錄》下冊，是這一時期的作品。弟子還為他刻印《陽明先生文錄》及《居夷集》等。嘉靖六年五月朝廷起用王守仁，鎮壓廣西少數民族起義，造反首領得知王守仁帶兵來討，也很乾脆，乖乖投降。為加強思想統治，王守仁興辦南寧書院，建立思田學校，推行儒學。在他出征廣西之前，錄下了全面闡述他哲學思想的《大學問》。嘉靖七年王守仁病重，上疏請求回鄉養病，翌年初卒於回歸途中的江西南安（今江西大餘）。卒，諡文成。

王守仁在書法上亦可稱為明代大家。作品以行草為主。王守仁將心學融入書法，豐富了中國的書法理論。《御定佩文齋書畫譜》卷八十引明徐渭《徐文長集‧明王守仁墨蹟》曰：「古人論右軍，以書掩其人。新建先生乃不然，以人掩其書。今睹茲墨蹟，非不翩翩然鳳翥而龍蟠也，使其人少亞於書，則書且傳矣。」《御定佩文齋書畫譜》卷四十二引《紹興志》曰：「新建善行書，出自《聖教序》，得右軍骨，第波豎微不脫張南安、李文正法耳，然清勁絕倫。」此書卷八十引明朱長春《太復乙集》語曰：「公書法度不盡師古，而遒邁沖逸，韻氣超然塵表，如宿世仙人，生具靈氣，故其韻高冥合，非假學也。」清朝朱彝尊在王陽明《龍江留別詩》卷後題跋云：「詩律清婉，書法亦通神，宜為西陂先生所愛玩。」王陽明學說以良知良能為主，謂格物致知，當自求諸心。

王守仁傳世書法作品有《何陋軒記卷》《五言詩軸》《龍江留別詩卷》《家書》《回首上杭詩軸》等。

《何陋軒記卷》，紙本，草書。縱二十九點七釐米。刊於日

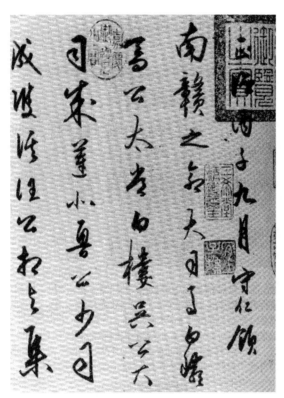

▲ 圖1-86　王守仁《龍江留別詩卷》

本《書道全集》（十七）。此卷書於正德三年至四年（1508-1509）
筆勢活潑跳蕩，結體欹側多變，率意之中蘊藏著深厚的功底，表
現出超邁出塵的氣度。

《五言詩軸》，紙本，行草書。共七行，一一九字。臺北「故
宮博物院」藏。此帖書於正德九年（1514），運筆快捷，筆劃勁
秀，結體多向左傾斜，左低右高，通篇氣勢貫通，酣暢流利。

《龍江留別詩卷》（圖1-86），紙本，草書。縱二十八點一釐

米，橫二百九十六點六釐米。共十一行，八十七字。臺北「故宮博物院」藏。又見《三希堂法帖》。此卷書於正德十一年（1516），筆劃挺勁灑脫，佈局疏朗，格調清雅脫俗，雖遠承王羲之行書法度，卻有自己的精神意趣。

《家書》，紙本，草書。縱二十六點五釐米。刊於日本《書道全集》（十七）。此帖書於嘉靖六年（1527），是王守仁臨終前一年所作。通篇筆法圓活流動，勁拔有力，章法上或快或慢，或斷或連，自然成趣，可謂人書俱老。

《回首上杭詩軸》，紙本，草書。縱一百三十八點五釐米，橫六十九釐米。共六行，七十八字。上海博物館藏。筆勢遒勁放縱，結體開合自如，氣勢縱貫直下，深得王羲之行草書的精髓。

**李夢陽**（1473-1530），初名莘，字獻吉，號空同子，明代陝西慶陽（今屬甘肅）人。十一歲隨父徙居開封，其父李正時為周府封邱王教授。二十一歲舉陝西鄉試第一，次年成進士。因當年其母去世，兩年後其父又去世，李夢陽一直丁憂在家，未授官職。直到二十七歲才拜戶部主事。入仕不久，就因觸犯權貴而下獄，但很快就得以釋放。弘治十八年（1505），李夢陽上書孝宗皇帝，彈劾章皇后之弟壽寧侯張鶴齡，結果又導致了他第二次下獄，不久宥出，罰俸三個月。出獄後，途遇張鶴齡，李夢陽揚馬鞭打落張鶴齡兩齒，可見他疾惡如仇的強硬態度。當年五月，孝宗卒，武宗即位。李夢陽進戶部員外郎。第二年，正德元年（1506），李夢陽升為郎中。因替戶部尚書韓文撰寫《代劾宦官狀疏》，彈劾宦官劉瑾等人，於正德二年（1507）春二月放歸田裡。次年五月，劉瑾得知劾章乃夢陽代草，又矯旨將夢陽從開封

抓到北京下獄，必欲殺之而後快，幸「康海為說，乃免」（《明史‧李夢陽傳》）。直到當年八月，夢陽才被赦出。李夢陽第三次對權豪勢要的鬥爭，更顯示出他倔強的性格和驚人的膽略，政治色彩也更加濃厚。正德五年（1510）八月，劉瑾伏誅。次年四月，詔李夢陽起復，遷江西提學副使。當年五月赴官，六月到任。這是李夢陽第四次升官，也是他仕宦的終點。這一年他剛好四十歲，但他剛介耿直的個性並未改變。到江西後，李夢陽首先沒搞好與總督陳金的關係：「副使屬總督，夢陽與相抗，總督陳金惡之，監司五日。」接著，又與巡按御史江萬實鬧翻了：「會揖巡按御史，夢陽又不往揖，且敕諸生毋謁上官，即謁，長揖毋跪。御史江萬實亦惡夢陽。」與此同時，夢陽又得罪了淮王佑棨。「淮王府校與諸生爭，夢陽笞校，王怒奏之。」在這前後，夢陽還與參政吳廷舉有矛盾。「參政吳廷舉亦與夢陽有隙，上疏論其侵官」（均見《明史‧李夢陽傳》）。這些人紛紛搜集材料，打擊李夢陽，正如李夢陽自己所言：「僕此一言一動，悉為仇者所搜羅。」（《與何子書二首》其一）矛盾加劇後，總督陳金命布政使鄭嶽勘此事。夢陽不甘示弱，進行反擊，「執嶽親信吏，言嶽子沄受賕，欲因以脅嶽」（《明史‧鄭嶽傳》）。更糟糕的是：「寧王宸濠者，浮慕夢陽，嘗請撰陽春院記，又惡嶽，乃助夢陽劾嶽。」（《明史‧李夢陽傳》）宸濠為了利用李夢陽打擊鄭嶽而插手其間，使事情更加複雜。當時江西上層人物之間劍拔弩張，以致「巡撫任漢顧慮不能決」（《明史‧鄭嶽傳》），只好請朝廷派人來解決這場大糾紛。正德八年（1513）秋八月，武宗帝遣大理寺卿燕忠到江西，於廣信（今上饒市）勘問此事。勘審結果，

自然是李夢陽敗訴，誠如他自己所言：「臣以居官無狀，得蒙寬譴，罷歸。」（《宜歸賦》自注）在第四次與權豪勢要的鬥爭中，李夢陽表現出獨立的人格、耿介的氣骨。嘉靖初，宸濠謀反被誅後，夢陽「坐為濠撰《陽春書院記》，獄辭連染」（《列朝詩集小傳·李副使夢陽》），「御史周宣劾夢陽黨逆，被逮。大學士楊廷和、尚書林俊救之」（《明史·李夢陽傳》），才又一次免於殺身之禍。李夢陽雖為當時黑暗官場所不容，但在士林中威信極高。「卒後，弟子私諡文毅」（《明詩綜》卷二十九）。著有《空同集》。《明史》卷二百八十六有傳。李夢陽是明代中期文學家，復古派「前七子」的領袖人物，提倡「文必秦漢，詩必盛唐」。工書法，得顏真卿筆法。其《自書詩》師法顏真卿，結體方整嚴謹，不拘泥規矩法度，學卷氣濃厚。《御定佩文齋書畫譜》卷四十二引明王世貞《國朝名賢遺墨跋》曰：「嘗見李先生寫七尺碑，大有顏平原筆。」

　　**周用**（1476-1547），字行之，號伯川，或作白川，吳江（今江蘇吳江）人。弘治十五年（1502）進士，授行人。正德初，遷南京兵部給事中，歷浙江、山東副使，擢福建按察使，改河南右布政使。嘉靖八年（1529）擢右副都御史，巡撫南贛（今江西贛州）。召協理院事，歷吏部左、右侍郎。遷右都御史，南京工部、刑部尚書。九廟（帝王的宗廟）災，自陳致仕。後以工部尚書總督河道，官至吏部尚書。卒，諡恭肅。著有《周恭肅集》。《明史》卷二百二有傳。周用為人端亮有節概，書法俊逸。善繪事，得沈周指授。佈置渲染，備極高雅。清錢謙益《列朝詩集小傳》曰：「公喜為詩，動盈卷帙，書法俊逸。」

**陳煒（生卒年不詳）**，字文曜，號恥庵，福建閩縣（今福州市）人。天順年間進士。成化初選監察御史，歷江西按察使、右布政使。轉浙江左布政使，未上任，卒。有《恥庵集》。陶宗儀《書史會要》曰：文曜「志高行潔，妙翰墨，善吟詠，片言隻字，為人寶惜」。

　　**潘恩（1496-1582）**，字子仁，號湛川，更號笠江，南京華亭（今上海市）人。嘉靖二年（1523）進士，歷官山東副使、江西副使、浙江左參政。以禦倭有功，升右副都御史，巡撫河南。潘恩遇事敢為，不懼強禦，疏劾徽王朱載埨貪虐、伊王朱曲楳驕橫，名聲大震。進左都御史，致仕。卒贈太子少保，諡恭定。有《笠江集》。《明史》二百二附《周延傳》。潘恩有書名，《嵩陽石刻記》曰：「《松嶽道中詩》，嘉靖丙辰華亭笠江潘恩書。」

　　**張元澄（生卒年不詳）**，字靜夫，號東山，青浦（今屬上海市）人。弘治十七年（1504）舉人。據《青浦志》載，張元澄以能書薦，詔修孝廟實錄，入中書。時劉瑾遣小閹（小太監）索楷書，不為禮。尋補南昌倅。楷書逼二沈（沈度、沈粲）。草法懷素，與東海（張弼）並驅，時有「安南太守南昌倅，東海東山配兩翁」之句。

　　**王慎中（1509-1559）**，字道思，早年因讀書於清源山中峰遵岩，號遵岩居士，後號南江。因家庭排行第二，又稱王仲子。晉江（今屬福建）人。嘉靖四年（1525）舉人，五年中進士，授任戶部主事，監兌通州。八年（1529），改禮部祠祭司。十年，出任廣東主考官。十二年（1533），轉主客司員外。改調吏部驗封司，旋晉郎中。不久因事貶謫為常州通判。江蘇巡撫郭宗臯，對

慎中的才學非常賞識，剛好江陰縣出缺，就委派他去署理江陰。江陰任滿，又遷升南京戶部主事、禮部員外郎。十五年（1536），出任山東提學僉事。不久，升江西參政。江西是著名學者王陽明講學的地方，王慎中追尋王氏的舊跡，經常往來于白鹿洞、鵝湖之間，與歐陽南野、鄒守益、羅念庵、聶雙江等學士交遊講學，闡發經學新義。不久，遷河南參政。因王慎中早年在禮部供職時，曾得罪上司夏言。此時夏言為首輔閣臣，藉故罷免王慎中的官職。從此，王慎中飄然甩手離開官場，遨遊於淇水、太行、王屋、蘇門、百泉、武當、衡山名山大川之間，悠然自得。晚年居家專事古文著作。當地士子常來請教，「門牆幾不能容」。嘉靖三十八年（1559）七月十七日在安平家中病逝。著有《遵岩集》。《明史》卷二百八十七有傳。王慎中是明代「嘉靖八才子」之一，與唐順之並稱為「唐宋派」的首領。《御定佩文齋書畫譜》卷四十三引吳其貞《書畫記》曰：「王慎中為古文詞，與唐順之、陳束輩號八才子。」又引王世貞《藝苑卮言》曰：「慎中行、草亦遒逸，而不諳八法，未脫塵氣。」

　　**朱曰藩（生卒年不詳）**，字子價，號射陂，寶應（今屬江蘇）人。嘉靖二十三年（1544）進士。授烏程知縣，遷南京刑部主事，歷禮部郎中，出知九江府，卒於官。朱曰藩雋才博學，以文章名家，為官以廉勤著稱。有《山帶閣集》。生平事蹟見清朱彝尊《靜志居詩話》卷十二、《明詩紀事》己籤卷八。《御定佩文齋書畫譜》卷四十三引明歐大任《崙山集》云：朱曰藩「常閉戶讀書，素工筆札，門外持縑素求詞翰者，不絕」。又引王世貞《藝苑卮言》曰「九江頗臨晉法書，絕喜祝希哲，而以己意出

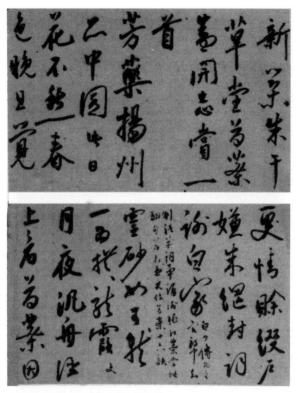

▲ 圖1-87　朱曰藩《自作詩卷》

之，婉秀瀟灑，絕有姿態，而結法失之疏」。朱曰藩書法作品有《自作詩卷》（圖1-87），紙本，行草書。高二十七點二釐米，寬四百二十釐米。中央工藝美院藏。此卷書法用筆舒展恣肆，結體呈縱勢，但橫畫往往誇張，章法上時快時慢，忽開忽合。這種縱橫恣肆的特點，明顯受黃庭堅、米芾、祝允明的影響。

　　**白悅（生卒年不詳）**，字貞夫，號洛原，武進（今江蘇常州）人。嘉靖十一年（1532）進士。官至江西按察使僉事。白悅家世鼎貴，獨刻意為詩，句調華贍，神理頗清。著有《洛原遺稿》。

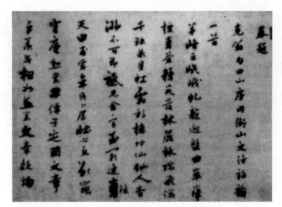

▲ 圖 1-88　白悅《文徵明句曲山房圖跋》

善書法，《御定佩文齋書畫譜》卷四十三引明徐階《世經堂集》曰：「悅為古文、歌詩、行草、小楷，皆有法，意興所到，濡筆引紙，往往屈其坐人。」白悅書法作品有《文徵明句曲山房圖跋》（圖 1-88），紙本，行書。豎二十八點二釐米，共二十九行。上海博物館藏。此帖筆劃圓潤秀雅，結體方扁，佈局均勻，有一種清雅閒靜之氣貫穿其中。

　　**徐圖（生卒年不詳）**，曾任江西道監察御史。明末清初周《析津日記》曰：「《聖安寺碑》，萬曆十八年上穀參軍張壽朋撰，江西道監察御史徐圖書。」

　　**唐邦佐（生卒年不詳）**，浙江蘭溪人。進士出身，因得罪權貴，明萬曆七年（1579）被貶到贛州任通判，相當於幕僚顧問這類職務，是個閒職。唐邦佐在通天岩留下了三篇詩文，其書法藝術具有極高的造詣。他的手跡是通天岩摩崖題刻中的藝術精品，其書法筆力沉雄剛健，氣勢飄逸灑脫，融諸家之長，無論是運筆、結構還是章法，都有獨到之處。他在鐫刻自己的作品時，往

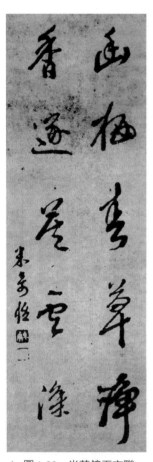

▲ 圖1-89　米萬鐘五言聯

往是刻在比他官職大的人旁邊，並將前人的題刻鑿去，以發洩他懷才不遇的不滿。其書法題刻見第六章江西境內石刻書法「贛州通天岩石刻」。

**米萬鍾**（1570-1628），字仲詔、子願，號友石、湛園、文石居士、勺海亭長、海澱漁長、研山山長、石隱庵居士。關中（今陝西）人，居燕京（今北京），米芾後裔。萬曆二十三年（1595）進士。先後任永寧、銅梁、六合縣令，仕至太僕少卿、江西按察使。天啟五年（1625），米萬鍾因屢次發表不滿閹黨專權的言論，終於遭到魏忠賢爪牙倪文煥的彈劾誣陷，被削職奪籍。直到崇禎元年（1628），魏忠賢集團潰滅，倪文煥被處死，他才得到復職起用，擔任太僕少卿。卒於官。生平事蹟見《明史稿》卷二百六十九、《明史》卷二百八十八附《文苑·董其昌傳》。

　　米萬鍾畢生手不釋卷，博學多才，尤擅長書畫。作品風雅絕倫，氣勢浩瀚，運筆流暢，名滿天下。與當時華亭董其昌、臨府（今山東臨邑縣）邢侗、晉江張瑞圖三人齊名，時稱「南董北米」。米萬鍾不僅詩文翰墨馳譽天下，而且在石刻、琴瑟、篆

隸、棋藝、繪畫以及造園藝術等方面均有很高造詣，曾在京城購有三座宅邸園林，一曰勺園，在海澱；一曰漫園，在德勝門積水潭東；一曰湛園，在皇城西牆根下。三園選址均臨水而建，因借遠山近水，其建築景觀佈局、匾額楹聯設置賦予文人追求自然、自我完善的文化底蘊，充分反映了米萬鍾的生活情趣和心態，其移情寄興的手段，表現了畫家的自我人格與個性。明朝萬曆至天啟年間，京都的達官顯貴、文人墨客皆到米氏三園遊覽，米萬鍾也因園名噪，京都名流皆贊：米家有四奇，即園、燈、石、童。明陶宗儀《書史會要》載：米萬鍾「性好石，人謂無南宮（芾）之顛而有其癖」。行草得芾家法，與董其昌齊名。時有南董北米之譽。尤善署書，「擅名四十年，書跡遍天下」。清孫承澤《畿輔人物志》曰：「米萬鍾著《篆隸考訛》二卷。」米萬鍾山水畫得倪瓚法，細潤精工，皴處幽秀，演彩妍潔。花卉似陳淳。又善畫石，間亦潑墨仿米法作巨幅，氣勢灝瀚，煙雲滃鬱，令人歎絕。米萬鍾書法作品有《劉景孟八十壽詩軸》（蘇州博物館藏）《題畫七言絕句軸》，刊於日本《綜合書道大辭典》，以及五言對聯「高視收人表，虛心味道玄」；「瑤石孤誰狎，煙枝幽日香」；「幽棲春草淨，香逐暮雲深」（圖1-89）。這些作品大多筆劃圓渾勁健，結體或緊或鬆，章法縱貫而下，氣勢張揚。但就其書法創作水準而言，無法與董其昌抗衡。

　　**詹希賢（生卒年不詳）**，明代徽州休寧（今屬安徽）人。由儒士授江西檢校，與其子詹萬裡並以善書名重一時。《徽州志》曰：「希賢善篆、隸諸體書，著《書筌》，極論書法，四方多書之。」

# 清代及近現代江西書法

清代及近現代時期，江西書法家數量沒有宋、元、明三代那樣多，但湧現出了一些富有創造性和影響力的書法家，如朱耷、李瑞清、舒同、陶博吾等。而朱耷、羅牧、陳衡恪、傅抱石等人精通繪畫，以繪畫技法融入書法，為書法藝術的創新做出了重要貢獻。

## 第一節 ▶ 清代江西書法

**王猷定**（1598-1662），字於一，號軫石，江西南昌人。拔貢。《清史稿》卷四八四載：「父時熙，進士，官太僕卿，名在東林。猷定好奇，有辯口。」愛好文藝，淡泊名利。崇禎末年，被史可法征為記室參軍。精通詩文、書法，清朱彝尊《靜志居詩話》卷二一云：「以詩古文詞自負，對客斷斷講論。每舉一事，輒原其本末，聽之釋心，蓋兼有筆札喉舌之妙者。其行書楷法，亦自通神。」行楷書深受李邕書法影響，清韓程愈《白松樓文集》稱他「天資善書，臨池之技，可以籠鵝。而遠近之慕於一名者，筆禿可數十甕計也」。將他與書聖王羲之相媲美。著有《四

照堂集》。

**羅牧**（1622-1705），字飯牛，號雲庵，江西寧都人。清初著名山水畫家。少時師從魏石床，後又研習黃公望、董其昌筆法。清馮金伯《國朝畫識》卷五稱其「筆意在董、黃之間，林壑森秀，墨氣瀚然，誠為妙品。江淮者亦有祖之者，世所稱江西派是也。……能詩善飲，楷法亦工，又善制茶」。清謝旻《江西通志》卷一百六云：「年八十餘，海內爭購其筆墨，真跡或不可得。」《書法叢刊》二〇〇一年一期刊登羅牧五言詩立軸、書法扇面。

**毛士容**（1638-1702），字思若，號清泉外史，江西貴溪人。康熙三十二年（1693）以博學弟子員補國子監監生，中進士，授翰林院編修，歷官雲南麗江知府、雲南按察使、廣西布政使、湖北巡撫，贈太子少傅，諡文簡。工詩文書法，有《毛文簡集》二十卷。其書法初學趙孟頫，後習董其昌，湖北武當山有其書《重修紫霄宮記》，楷法森然。草書師法張旭，丈幅立就。此幅內容為摘錄柳宗元《始得西山宴遊記》（圖 1-90），筆劃拙勁，時帶枯筆，字形多成橫放之勢，佈局大小相間，字距緊密，行距間的空白呈現出多種變化。

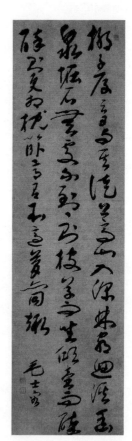

▲ 圖 1-90　毛士容柳宗元《始得西山宴遊記》

李斯讓（生卒年不詳），字允恭，號指園，江西進賢人。父李望亭是順治十八年（1661）舉人，授山東長山縣（今屬鄒平）訓導，遂遷居山東長山縣。李斯讓於康熙三十五年（1696）中舉人，歷官河南輝縣知縣、戶部郎中、刑部左侍郎、湖廣總督等。雍正元年（1723）回進賢祖居，卒後加贈太子少傅，諡簡毅。工書法，善詩文。有《李簡毅公文集》。行書自作詩《題小園》：「愛此小園僻，雲扃傍竹坡。逢迎身不慣，吟詠興偏多。雨後荒蒲柳，秋先到薜蘿。笻枝閑倚處，鹿豕或來過。」書法宗歐陽詢而略有變化，結體緊密，筆劃瘦硬，撇、豎、鉤三種筆劃呈放縱之勢。

沈三岳（1650-1722），字麓村，江西吉州（今吉安市）人。康熙三十五年（1696）舉博學鴻詞科，官國子監司業，累遷鴻臚寺卿、左副都御史、禮部右侍郎。康熙五十年（1711）以太子太傅華蓋殿大學士禮部尚書致仕，退居浙東湖州苕溪之南，有《麓村詩集》三十卷、《麓村文集》五十卷、《麓村詞集》六卷。沈三岳工詩文書法，擅長行草和古隸。所臨漢碑書法作品，結體端莊大方，筆劃凝重，饒有古雅之氣。

黃元治（生卒年不詳），號樵穀鈍夫，江西德興人（一說安徽歙縣人）。康熙十五年（1676）進士，曾任貴州平遠府、江西建昌府通判，官至大理寺卿、刑部左侍郎。工詩善書。直幅墨蹟：「竹草亭幽，客去舟頭，十里平湖，清淺處，渡野花稠。」筆劃圓暢，墨色燥潤結合，結體形方勢圓，用筆結體都源自顏真卿的楷書和行書。

查振（生卒年不詳），字雲槎，江西星子人，生活於康熙年

間。馮金伯《國朝畫識》稱他：「善詩文，作書以三指提筆，懸肘如意，故大小楷皆有法度。」

劉森峰（生卒年不詳），字一棣，江西永新人，康熙年間舉人，在書法風格以及瘋癲性格上深受懷素影響。《吉安府志》曰：「森峰幼貧力學，日誦萬言，為文頃刻立就，善懷素書法，酒酣一揮百幅，更入神妙。」

湯第（生卒年不詳），字眉山，江西永新人，生活於康熙年間，《吉安府志》曰：「第幼嗜學，旁及天官、地理、黃岐、律曆等書，才略優長，而性耽泉石，居喪循古禮，雅不喜佛老，作《辟佛語訓後》。書法絕似鍾、王。」

楊錫紱（1701-1769）據陳榮華等編《江西歷代人物辭典》，江西人民出版社 1990 年版。第三百六十七頁。字方來，號蘭畹，江西清江（今江西樟樹）人。雍正五年（1727）進士。歷官廣西巡撫、湖南巡撫、禮部尚書、漕運總督、太子太保。諡勤愨。《清史稿》卷三百八云：「錫紱官漕督十二年，編輯《漕運全書》，黃登賢代為漕督，表上之。自後任漕政者，上輒命遵錫紱舊章。」清王昶《湖海詩傳》卷四云：「書法亦工，歿後人刻其書以行世。」書風圓潤秀

▲ 圖 1-91　曹秀先行書聯

麗。著有《四知堂集》。

　　**曹秀先**（1708-1784），字恒所，號地山，江西新建人。少孤，學於兄茂先，事之如嚴師。《清史稿》卷三二一云：「乾隆元年，舉博學鴻詞，未試，成進士。」官至禮部尚書，四庫全書館副總裁，為官清廉，深受百姓愛戴。諡文恪。擅長文學、書法，曾被乾隆皇帝召問。清彭元瑞《恩餘堂輯稿》卷二稱其「書法尤高古，人得片楮以為寶，求者不少吝，碑版照耀海宇，自刻石書課若干種」。善於中鋒用筆。著有《賜書堂稿》《依光集》等。

　　曹秀先書法作品有行書七言聯（圖1-91），內容為：「鶴群常繞三珠樹，花氣渾如百和香。」點畫圓實純淨，結體端莊秀美，給人以平和沖淡之美。另一副行楷書七言聯內容為：「披卷百城來隱幾，彈琴四壁有名山。」穩健大方，深得顏真卿楷書精髓。

　　**裘曰修**（1712-1773），字叔度，又字漫士，號諾皋，江西新建人。乾隆四年（1739）進士。歷官禮部、工部、刑部尚書，四庫全書館總裁。諡文達。著有《裘文達公文集》。

　　《清史稿》卷三二一有傳。乾隆皇帝稱他「品學端醇，才猷練達」。主要功績在河南、山東、安徽等地的水利興修上。治理河水時，善納輿論，清戴震《光祿大夫工部尚書太子傅裘文達公墓誌銘》雲：「有田夫欲有言者，突至前，官屬呵退之，公呼之

進，與語，竟得地勢高下之宜，後久而不敗。」[1]

裘曰修擅長書法，重視字外功夫，清袁枚《隨園尺牘》曰：「同年裘叔度常與枚論書法，不必專門名家而後工也，大凡有功德者、有大福澤者、有文學者，其平生雖未學書，而落筆必超。若無此數者，雖摹仿古人，不過如翦采之花，繪畫之美，謂之字匠可也，謂之名家不可也。」清沈初《西清筆記》曰：「裘文達尚書書法自成一家，其瀟灑拔俗之致，似不食人間煙火者。上嘗評其似張樗寮，嘗得張書《華嚴經》，缺數冊，令足成之。」曾奉敕撰《熱河志》《太學志》《西清古鑒》《秘殿珠林》《石渠寶笈》《錢錄》等。書法作品有六言聯「慎言語節飲食，制欲度漾德行」，行草，用筆收放自如，結體大小相間，活潑跳蕩。

**萬上遴**（1739-1813），字殿卿，號輞岡，江西分宜人。乾隆年間拔貢，工書善畫，尤以畫知名。書法作品有七言聯「知己欲依何水部，吟詩更事謝中書」（圖 1-92），行書，師承米芾，筆勢勁放，力飽氣足。

**吳照**（1755-1811），字照南，號白庵，江西南城人。乾隆五十四年（1789）拔貢。官大庾教諭。精通詩文、書畫、文字之學。著有《聽雨齋詩集》《說文字原考略》等。蔣寶齡《墨林今話》：「白庵書法純用濃墨，亦有別趣。」書法作品有八言聯「數尺遊絲一叢香草，七條瘦玉半縷茶煙」（圖 1-93），行書，筆劃

---

**1**　戴震：《光祿大夫工部尚書太子傅裘文達公墓誌銘》，《戴震全書》黃山書社 1997 版，第 428 頁。

飽滿，起伏變化較大，在顏真卿書法基礎上，融入了隸書、魏碑的筆法和氣骨，墨色濃重，風格雅健。直幅墨蹟《閶門偶興舊作》：「五湖浪跡笑西東，一棹吳門興未窮。十里市聲煙樹外，百分春色酒船中。平橋水暖彎彎月，畫閣晴開面面風。千載姑蘇行樂地，莫將身世感萍蓬。」筆勢靈動，氣韻酣暢。

▲ 圖1-92　萬上遴七言聯　　　　　▲ 圖1-93　吳照八言聯

辛從益（1760-1828），字謙受，又字筠穀，江西萬載人。乾隆五十五年（1790）進士，改庶起士，充武英殿協修官。歷官翰林院編修、福建鄉試副考官，先後任江南道、河南道、四川道監察御史，官至吏部侍郎。為學務實用不喜空談，精通經史、諸子以及天文、律算、地理、小學等。著有《公孫龍子注》《詩文集》《外集》等。書法作品有七言聯「天半朱霞瞻氣象，雲中白鶴見精神」，行楷書，筆劃圓勁均勻，結體端莊，融合了顏真卿楷書的結體和趙孟秀潤的筆法，墨色飽滿酣暢，有幾分富貴氣象。

陳希祖（1765-1820），字稚孫，一字敦一，號玉方，江西新城（今江西黎川縣中田鄉）人。乾隆五十五年（1790）進士。官至浙江道監察

▲ 圖1-94　陳希祖行書八言聯

▲ 圖1-95　陳希祖《自作詩》

禦史。與弟希曾俱學於魯仕驥，以清雅見重鄉里。工書。清顧蓴序希祖《雲在軒詩集》曰：「詩古文辭與一切星命雜學，無不究心，而書名獨盛，四方來都者，多求得片紙隻字以為榮。」清齊學裘《見聞隨筆》評希祖「書遠宗右軍、魯公，近法董思白，得晉人空圓之妙。」又記載說：希祖「曾書　聯條幅，授裘書法。聯云：果是端莊必流麗，全憑頓挫長氣機。」清包世臣《藝舟雙楫》卷六云：「玉方先生以書名字內，稱為華亭後身，酷似華亭而導源平原，故形神皆肖，異於世之學華亭者。」其行書作品重視筆劃的輕重變化，給人以一種強烈的視覺反差。著有《雲在軒稿》。

　　陳希祖書法作品有行楷書對聯，內容為：「春秧夏苗秋遂獲，花勸鶯酬酒欲仙。」筆劃飽滿秀潤，結體端莊穩重，佈局整齊而有靈動之氣，表現出從容閒雅的情調。八言聯「鏡水澄華冰壺澈鑒，碧葉獨秀瑤源自清」（圖1-94），行書，筆劃飽滿俊爽，結體端莊而雅致。八言聯「言必典彝行修壇宇，門無塵雜家有賜書」，行楷書，筆劃豐腴，結體穩重大方，得顏真卿楷書、蘇軾行書之精神。十言聯「松竹同春鳩杖隨時扶老，桂蘭久契幅巾他日登堂」，行楷書，筆劃含蓄凝練，結體方正緊密，佈局疏朗，平和淡雅之中顯示出從容穩健的氣度。直幅自作詩《為篤生太翁老先生壽》：「有子傳家學，森森竹幾竿。通經期足用，負笈即承歡。歸日為春酒，耆儒樂考槃。知余心眷眷，早遣到長安。」用筆方圓結合，拙中見秀，結體方中帶扁，佈局疏朗有致。直幅自作詩：「馬上續殘夢，不知朝日升。亂山圍翠嶂，落月淡孤燈。奔走煩郵吏，安閒愧老僧。勝遊真眷眷，聊亦記吾曾。」（圖

1-95）筆劃清勁，結體修長，明顯受董其昌行書的影響。

**陳希曾**（1766-1816），字集正，號雪香，清代新城（今江西黎川）人。乾隆五十八年（1793）進士，殿試一甲第三名，授翰林院編修。歷官雲南鄉試副考官、貴州鄉試正考官、山西學政、內閣學士兼禮部侍郎、江蘇學政、刑部右侍郎、國史館副總裁官等。工書法，擅長行書。書法作品有七言聯「無瑕人品清於玉，不俗文章淡似仙」，行書，筆劃和結體都源自趙孟頫，筆劃圓潤，結體端莊，意態平和雅致。

**萬承紀**（1766-1826），字廉山，號疇五，江西南昌人。乾隆五十七年（1792）舉人。官至江蘇知府。博學多識，精通詩文書畫，喜金石收藏。嘗以所藏漢、魏碑縮臨，刊端硯之背，凡百種，曰「百漢碑硯」。擅長行草、篆書。蔣寶齡《墨林今話》曰：「篆行書皆精妙，篆書得錢小蘭別駕指授，而體勢力量過之。」清錢泳《履園叢話》：「廉山篆書尤其所長，在江南二十年，聲名籍甚。」參見繆荃孫《續碑傳集》卷四十。書法作品有五言聯「春秋多佳

▲ 圖1-96　萬承紀五言聯

日，西北有高樓」（圖 1-96），小篆，線條圓實，結體比秦代小篆略低矮，比楷體略長些，字字端穩，字距行距均較密。

**李宗瀚**（1770-1832），字公博，一字北溟，號春湖，江西臨川人。乾隆五十八年（1793）進士。官至工部侍郎。《清史稿》卷三五四云：「宗瀚孝謹恬退，中歲以養親居林下十年，書法尤為世重。」擅長行楷書。清曾國藩《求闕齋日記類鈔》卷下云：「偶思作字之法可為師資者，作二語云：時賢一石兩水，古法二祖六宗。一石謂劉石庵，兩水謂李春湖、程春海。二祖謂羲、獻，六宗謂歐、虞、褚、李、柳、黃也。」摹刻虞世南《孔子廟堂碑》，世稱「李本」。近代馬宗霍《霋嶽樓筆談》認為清代學虞永興（世南）者，「獨春湖外表沖藹之容，內含清剛之氣，平矜釋躁，雅步雍華，真可謂入永興堂奧者」。

李宗瀚書法作品有《長安雜詩軸》，紙本，行書。縱九十二釐米，橫三十一點七釐米。七言詩三首，共五行，九十六字。日本京都國立博物館藏。此幅行書詩軸取法虞世南，用筆精妙細膩，結體疏密相間，整飭秀麗，外表平和嫻靜，內藏清剛之氣。七言聯「秋生露竹風荷外，夢入青藤古木間」（圖 1-97），行書，筆劃飽滿挺勁，風格近似顏真卿、蘇軾。七言聯「玉瑟瑤琴倚天下，白波青嶂非人間」，五言聯：「采菊東籬下，讀書秋樹根」，皆為行楷，筆劃圓勁光滑，結體端莊，在師法顏楷的基礎上，融入了虞世南、歐陽詢的筆意。

**郭儀霄**（1775-1859），字羽可，江西永豐人。嘉慶二十四年（1819）舉人，屢考進士不中，授內閣中書。歷主琅琊、夷山、經訓、梅江、鷺洲、恩江、求志諸多書院講席。著有《誦芬堂詩

鈔》十二卷、《誦芬堂文鈔》六卷。以畫竹聞名。書法師承二王，兼有魏碑的拙趣。直幅《臨王羲之積雪凝寒、服食帖》，文字略有不同。王羲之原帖內容為：「積雪凝寒，五十年中所無。想頃如常，冀來夏秋間，或復得足下問耳。比者悠悠，如何可言。吾服食久，猶為劣劣。大都比之年時，為復可哥。足下保愛至上。」

**裘得華（生卒年不詳）**，字迪諧，一字山甫，嘉慶年間江西新建人。清沈初《西清筆記》曰：「迪諧行書正書皆能，善篆書，不恒作。」

**夏之勳（生卒年不詳）**，字銘旂，號芳原，江西南昌人。生活於乾隆年間，喜歡書畫及金石收藏。蔣寶齡《墨林今話》說他「酷嗜金石文字」，「善篆、隸書及花卉」。

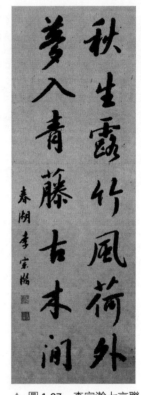

▲ 圖 1-97　李宗瀚七言聯

**方燮（生卒年不詳）**，字子和，號臺山，江西南安（今江西大余）人。生活於乾隆年間。蔣寶齡《墨林今話》稱他：「工詩古文，擅八法，行楷法二王，姿致魄力俱勝，尤工徑丈大字，年七十復益臻老境。少曾習畫，既棄去，間以篆、隸法寫墨竹。」作品有《李思訓碑跋》等。

**鄧煊（生卒年不詳）**，字普之，江西新建人。嘉慶二十四年（1819）舉人，道光十五年（1835）進士，授陝西山陽縣知縣。

工書法。六言聯：「長風破萬里浪，初日照三神山。」筆劃圓潤柔和，結體平正舒展，深受褚遂良楷書的影響。

　　**劉植卿（生卒年不詳）**，字眉川，江西吉安人。嘉慶年間恩貢生，授河間府學教諭，濟寧府同知。平素精研金石小學。工詩善書。書法推尊唐代李邕，平穩工致。八言聯：「立言立功居之以敬，友直友諒尊其所聞。」（圖1-98）筆劃圓實，結體內緊外放，融唐代李邕、顏真卿的楷書和宋代黃庭堅行書為一體。

▲ 圖 1-98　劉植卿八言聯

▲ 圖 1-99　勒方錡七言聯

勒方錡（1816-1880），初名人壁，字悟九，號少仲，江西新建人。道光二十三年（1843）舉人。官至福建巡撫、河東河道總督。著有《太素齋詞鈔》。勒方錡詞宗法宋人，內容多寫個人的遊蹤逸興、離愁別緒等。書法受唐代歐陽詢、褚遂良楷書影響頗深，七言聯：「鵝黃鴨綠雞冠紫，鷺白鴉青鶴頂紅。」（圖 1-99）點畫精到，結體端莊，一絲不苟。

陳孚恩（1802-1866），字子鶴，號紫藘，江西新城（今江西黎川）人，陳希祖侄。道光五年（1825）拔貢。受到大學士穆彰阿的器重，歷官刑部、禮部、兵部、戶部、吏部尚書。清代著名書法家，深受董其昌書法影響。擅長行楷書對聯書寫，風格清秀圓潤。作品有行書七言聯「銀燭樹前長似晝，露桃花下不知秋」，行書，筆劃圓勁秀潤，結體緊密，平中寓奇，與董其昌行書一脈相承。直幅孫過庭《書譜》局部（右軍之書……鼓努為力也），筆劃細勁，結體修長，佈局疏朗，筆情墨趣出自董其昌行書。

俞宗崙（生卒年不詳），字東白，號桐鄉，江西新城（今江西黎川）人。生活於嘉慶年間。優貢生，候選知縣。擅長楷書。《東白小像記》稱他「七齡能詩，十三能擘窠書，尤精小楷，兼善八分」。

萬青藜（1821-1883），字文甫，號照齋，又號藕舲，江西德化（今江西九江縣）人。道光二十年（1840）進士，咸豐二年（1852）遷內閣學士，光緒四年（1878）官至吏部尚書。萬青藜工詩文，善行草書。書法作品有八言聯「平衡清格彝倫攸敘，紹聖作儒懿德惟光」，筆力凝重，結體緊密穩健。

**湯大綱（生卒年不詳）**，字可齋，江西贛縣人。道光二十年
（1840）優貢生。歷官吳縣知縣、蘇州知府、江寧布政使。工
書，師法晉唐楷書、行書，用筆精到，曾臨《蘭亭序》八百本。

　　**呂世田（生卒年不詳）**，江西清江（今樟樹）人。道光二十
四年（1844）官長沙知府。工詩文，善書法。行筆飽滿秀潤，近
似蘇軾行書。

▲ 圖 1-100　魯琪光七言聯

▲ 圖 1-101　高心夔七言聯

x

　　**魯琪光**（1828-？），字芝友，江西南豐人。同治七年（1868）進士。歷官翰林院編修、陝西道御史、山東登州知府、濟南知府。書法取法於歐陽詢、李邕，兼有米芾行書的筆意，在當時頗有名。七言聯：「矩應明文理允備，采相濟品物畢圖。」（圖 1-100），筆劃剛勁，結體緊密，風格凝重穩健。

　　**高心夔**（1835-1883），原名夢漢，字伯陶，又字伯足，號碧湄，又號陶堂，江西湖口人。咸豐元年（1851）舉人，咸豐九年（1859）進士。官江蘇吳縣知縣。工詩文，善書法，又擅長篆刻。著作《陶堂詩集》等。七言聯：「清絕作師無俗字，閑來叩戶有高朋。」（圖 1-101）融漢隸結體、魏碑筆法為一體，結體方中帶扁，筆劃古拙生硬，金石味濃。

　　**宋家蒸**（生卒年不詳），字雲浦，江西奉新縣人。同治二年（1863）進士。歷官安徽歙縣知縣，四川營山、夾江、蓬溪、鹽亭、峨眉知縣。先後參與修纂《奉新縣誌》《南昌府志》。著有《述聞齋詩草》十卷、《譜杏軒詞草》四卷。擅長書法。七言聯：「清華辭作雲霞彩，典重文成金石聲。」（圖 1-102），筆劃光滑秀潤，結體略顯修長，受趙孟頫行楷書影響較大。

　　**譚承祖**（生卒年不詳），字硯孫，江西南豐人。同治七年（1868）進士，官翰林院編修。歷充順天府（今北京市）鄉試、會試同考官。歷官御史、廣東韶州知府。工書法。八言聯：「嘉業用光安平康樂，芳猷所立德惠福祥。」（圖 1-103）筆劃剛勁洗練，結體緊密瘦長，繼承了歐陽詢楷書的氣骨。

▲ 圖1-102 宋家蒸七言聯

▲ 圖1-103 譚承祖八言聯

　　**徐恩莊（生卒年不詳）**，字柳臣，江西龍南人。清徐珂《清稗類鈔》云：「道光時，歐底趙面之字，風靡一時，翰苑中人爭相摹習，龍南徐柳臣廉仿恩莊尤為此中能手，館選後，留都供職，與何子貞輩遊，學益進。蓋廉訪之書法，不僅拘於歐底趙面，其初以善寫柳帖名，通籍後，又參以右軍、襄陽各體，而獨具匠心，運之以神，久之，遂自成一家，都人士目為徐派。湘鄉

曾文正傾倒不置，至欲其子惠敏公紀澤專習徐派。時連平顏氏、新建勒、梅、夏諸氏，或綰清要，或掌封圻，亦爭相仿效，各以徐派書法教子弟，於是柳臣之書乃大著於時，人得一縑，爭寶貴之。」**2**

**徐蕚（生卒年不詳）**，字幼珊，江西龍南人。恩莊之弟。清徐珂《清稗類鈔》云：「幼珊齔尹蕚工琴，善鐫刻，于書法尤致力，行草宗王、趙。蕚子筠畦司馬德啟亦工書，楷書清麗妍媚，逼近松雪，有時幾可混真焉。」**3**

**徐德啟（生卒年不詳）**，字筠畦，蕚子，清咸豐年間江西龍南人。清徐珂《清稗類鈔》曰：「筠畦工書法，清麗妍媚，逼近松雪，有時幾可混真。」

## 第二節 ▶ 近現代江西書法

**陳三立（1852-1937）**，字伯嚴，號散原。江西義寧（今修水）人。陳寶箴長子，陳寅恪、陳衡恪之父。光緒十二年（1886）進士，官吏部主事。與譚嗣同、吳保初、丁惠康號四公子。光緒二十一年（1895），其父陳寶箴為湖南巡撫，創辦新政，提倡新學，支持戊戌變法運動，陳三立協助乃父籌畫新政。戊戌政變後，父子同被革職，永不敘用。侍父退居南昌西山，築

---

2　徐珂：《清稗類鈔》，中華書局 1986 年版，第 4065 頁。
3　《清稗類鈔》，第 4066 頁。

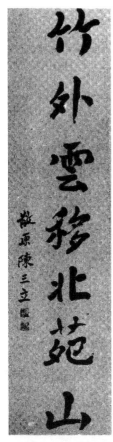

▲ 圖 1-104　陳三立《贈彥疇仁兄七言聯》

靖廬。光緒二十六年（1900）四月移居南京，築散原精舍。辛亥革命後，拒不參加一切政治活動，以遺老自居。一九三三年冬遷居北京後，鄭孝胥和羅振玉勸他去偽滿洲國，被嚴厲拒絕。一九三七年日本侵佔北平，拒藥絕食而卒。著有《散原精舍詩》《散原精舍文集》。生平事蹟見李新主編《民國人物傳》、吳宗慈《陳三立傳略》、胡思敬《陳三立傳》。其書法蒼勁，自成一格。

　　陳三立書法作品有《贈彥疇仁兄七言聯》、條幅《山居夜聞雨不寐感賦詩軸》等。

　　《贈彥疇仁兄七言聯》，紙本，行書。刊於《民國時期書法》。內容為：「花間露洗南宮石，竹外雲移北苑山。」（圖1-104）書風承顏真卿、蘇軾，而又融入北碑拙重之氣，筆劃方

圓並用，厚實老辣，結體方正，內緊外松，表現出敦厚古拙之美。

《山居夜聞雨不寐感賦詩軸》，紙本，楷書。共四行。刊於《當代名人書林》。此詩軸是一九二八年，陳三立贈給春渠的詩作。在用筆和結體上都吸收了北碑的特點，筆力凝重生辣，結體端嚴穩實，樸拙而有氣骨。

直幅《匡廬山居月夜步松林作》：「揚輝大月滿層樓，起踏松林一徑秋。石罅吟蟲扶夜氣，燈邊吠犬隔溪流。蔽虧露葉粘星濕，明滅煙巒帶夢浮。自外九垓迷萬古，欲依山鬼怨靈修。」在用筆和結體上同樣源自北碑，筆力凝重生辣，結體端嚴穩實，樸拙而有氣骨。

**李盛鐸**（1859-1934），字椒微，號木齋，江西德化（今九江）人。光緒十五年（1889）進士。歷官翰林院編修、督辦軍機處文案、江南道監察御史、出使日本國大臣、順天府丞、署理太常寺卿。光緒三十二年（1906），出使比利時國大臣。宣統年間，李盛鐸先後在山西任提法使、布政使、巡撫等職。民國元年（1912），李盛鐸被袁世凱任命為山西省民政長，後任袁世凱總統的政治顧問，參議院參政等。民國六年，他接

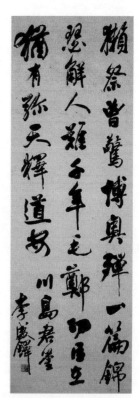

▲ 圖 1-105　李盛鐸《自作詩》

受黎元洪的差遣，赴徐州請張勳出山調解混亂政局。後任北洋軍閥政府農商總長兼水利局總裁、參議院議員、參議院全委委員長、參議院議長等職。民國十四年，段祺瑞執政，又任命他為國政商榷會會長。李盛鐸是近代中國最負重望的藏書家，其個人藏書達九〇八七種，計五八三八五冊，包括經史子集各類書籍，頗具規模。最後，這批書歸入北京大學圖書館。著有《儷青閣金石文字》《木犀軒書目》《木犀軒藏宋本書目》《木犀軒藏書題記及節錄》等。李盛鐸工於書法，其自作詩：「獺祭曾驚博奧殫，一篇錦瑟解人難。千年毛鄭功臣在，猶有彌天釋道安。」（圖1-105）取法於米芾，兼有魏碑的生澀，風格古拙凝重。

**朱益藩**（1861-1937），字艾卿，號定園，江西蓮花人。光緒十六年（1890）進士。歷官陝西學政、上書房師傅，擔任溥儀漢文老師。四歲時學習書法，書風雄渾蒼勁，獨樹一幟，深受溥儀賞識。民國後，在北京、天津一帶賣字為生，亦精醫學。其書法融蘇軾、董其昌行書為一體，剛柔兼備，端莊秀逸。墨蹟有信札《致仲綱仁兄》，用筆細膩精到，結體俊秀舒展，墨色濃淡適宜，佈局上密下疏，充滿空靈秀雅之氣。七言聯：「陽羨春茶瑤草碧，蘭陵美酒鬱金香。」（圖1-106）八言聯：「秋菊春蘭晚香馥若，商彝夏鼎古意盎然。」均是點畫精巧，佈局完美的佳作。

**吳錡**（1868-？），字劍秋，江西宜黃人。光緒十四年（1888）舉人，十六年進士。歷官工部主事、總理各國事務衙門章京、駐俄國使館參贊、外務部郎中。清亡後不事民國。與李瑞清、曾熙交遊最久。其書法源自唐代褚遂良、李邕，深受李邕書法影響，擅長楷書。作品如《陳真如文集序》，點畫精到，結體

十分工整。

陳　度（1871-1947），字古逸，號琴禪居士，雲南瀘西人。祖籍江西臨川。其祖父瀛波以製筆為業，攜眷到雲南。父親奏堂擅長書法，師法二王，筆力遒勁無俗韻。陳度於光緒三十年（1904）中進士。歷官吏部文選司主事、雲南造幣廠總辦、雲南外交司副司長，是晚清雲南四才子之一。書法師蘇軾，擅長小楷、行草，兼擅篆書、隸書。畫則落筆寫意，近似徐渭、朱耷，最善

▲　圖 1-106　朱益藩七言聯

於指畫。著有《泡影集》《陳古逸先生書畫集》。

呂祖翼（生卒年不詳），字仰南，婺源（今屬江西）人。光緒三十年（1904）進士，民國年間曾任參議員。後為北京輔仁大學監督，教育部次長。北伐後歸婺源清華定居，致力於金石小學，有《孟子正義補注》《仰南集》等著作。呂祖翼工詩文書法，善楷書，師法歐陽詢《九成宮醴泉銘》而稍能變通，曾書《重修

婺源縣學記》。

宋育德（**生卒年不詳**），字翰生，號公威，江西奉新人。光緒二十九年（1903）舉人，三十年進士。入日本早稻田大學政治經濟科留學五年，回國後授翰林院編修，加侍講學士。後回江西任江西高等學堂監督。民國元年（1912）後，歷任中學校長、江西教育司司長、江西總視學。一九一六年當選為第二屆國會眾議院議員。晚年寄居上海。書法取法於褚遂良，兼有蘇軾行書的豐腴。七言聯：「松陰繞院鶴相對，柳絮益溪魚正肥。」（圖 1-107）結體舒展，佈局整齊，饒有平和之氣。

▲ 圖 1-107　宋育德七言聯

　　**歐陽漸**（1871-1943），字竟無，一字漸吾，江西宜黃人。近代著名佛學居士。早歲刻苦治學，博覽諸子百家，中日甲午戰起時，感於雜學無濟於國事，乃專治義理之學，欲以之挽救時弊。三十四歲，赴南京師事楊仁山老居士，得聞華嚴法界之旨，歸信佛教，致力佛學。年三十六，母親病逝，遂將肉食、色欲一併斷絕。曾隨楊仁山赴日本數月，返國後任兩廣優級師範教員。其後再赴南京從楊仁山遊，一九一〇年楊氏臨歿，以金陵刻經處相囑。一九二三年，歐陽漸在南京創立「支那內學院」，梁啟超、呂澂、湯用彤、王恩洋、黃懺華、熊十力等人皆嘗遊學於其門。抗戰期間，「支那內學院」遷於四川江津，仍講學、刻經不輟。一九四三年歐陽氏以肺炎病逝。門人總輯其遺文三十餘卷，成《竟無內外學》一書行世。歐陽漸工於書法，擅長篆隸，時人多喜其行楷，源出於六朝造像，參以寫經筆意，若稚若拙，氣象淳古。**4**

　　**陳衡恪**（1876-1923），字師曾，號槐堂、唐石簃、染倉室，江西義寧（今修水）人，陳三立長子。六歲時自學繪畫，十歲能作擘窠書，塗抹煙雲，工詩文，世以奇童目之。光緒二十八年（1902）赴日本留學，宣統元年（1909）回國，在南通師範、長沙師範、北京高等師範、北京美專等校任教。拜吳昌碩為師，研習書畫、篆刻。梁啟超稱他是「現代美術界具有藝術天才、高尚

---

**4**　孫洵：《民國書法史》，江蘇教育出版社 1998 年版，第 181 頁、186頁。

▲ 圖1-108　陳衡恪篆書八言聯

人格、不朽價值的第一人」。善書法，篆、籀、漢隸、魏碑、楷、行各體兼工，風格剛健秀逸。畫則山水、花卉、人物皆擅。工篆刻，熔鑄秦漢，古拙純樸，毫無霸悍之氣。著有《陳師曾先生遺墨》《染倉室印存》《中國繪畫史》等。陳衡恪書法作品有《贈養庵兄扇面》《贈瑞芝仁兄軸》《僧問》、七言聯、八言聯等。

《贈養庵兄扇面》，紙本，行書。共二十七字。刊於《民國時期書法》（中）。此扇面筆法方圓兼備，結體欹側取妍，佈局長行短行相間，對扇面空間用得恰到好處。

《贈瑞芝仁兄軸》，紙本，草書。共五行，五十字。刊於《民國時期書法》（中）。此草書軸運筆圓渾勁健，結體長短大小，欹側橫斜，自然隨意；佈局上，雖然字字獨立，字與字之間無牽絲連帶，但氣脈連貫。筆勢、結體近似王鐸行書，但無狂怪霸悍之氣，顯示出深厚的學養和醇和的韻味。

條幅《僧問》，用篆籀之法寫行草，筆劃圓厚雄健，使轉遒

勁暢達，結體緊湊，章法茂密，風格含蓄典雅，充滿蒼古之氣。

七言聯「田有豐象登豆實，工用矢木枑械同」，大篆，筆劃厚重，有高古之氣。

八言聯「天馬孔駒求彼異域，藝事惟工則我古賢」（圖1-108），大篆，取法金文，筆力厚重，結體端莊，氣勢雄健。

▲ 圖1-109　陳衡恪篆刻

陳衡恪篆刻代表作品有「槐堂」印、「芷蘭之室」印、「越只看山吳唯芳草」印、「看山亭」印等（圖1-109）。「槐堂」印在左下方印邊處補上一刀，顯得自由隨意，調整了虛實對比，增添了趣味。「芷蘭之室」印刀法蒼勁、高古，佈局凝重，下密上疏，給人以蒼莽老辣之感。「越只看山吳唯芳草」印佈局上密下疏，線條勁放，氣勢蒼古。「看山亭」印大塊地借用印石邊上的位置，使印邊與印文的一部分重合，如「山」的右邊和「亭」的左邊都代替了引邊的一部分，如此佈局，減少了印面上不必要的重複綫，起到了刪繁就簡的作用。齊白石的朱文印，受陳衡恪這方面的影響很大。

**李健**（1881-1956），字仲乾，號崔然居士（俞劍華《中國美術人名辭典》作鶴然居士），別號崔道人、老崔，江西臨川人。

▲ 圖1-110　李健《集石門銘聯》

▲ 圖1-111　趙世駿七言聯

著名書法家李瑞清之侄，也是李瑞清的得意弟子。畢業於兩江師範，歷任湖南長沙大路師範、上海美術專科學校教席，曾任南洋檳榔嶼學校校長。長期從事教育事業，擅長書畫，精通魏碑、行草、篆隸各體書法。他認為：「作畫而不通書道，則其畫無筆；作書而不通畫理，則其書無韻。」曾熙稱他為「今之書學教育家」。其書畫創作與理論一致，頗有成就。治印則全從篆籀功力而來，運刀如筆，筆墨俱佳。著有《中國書法史》《書法通論》《金石篆刻研究》等。李健書法作品有《集石門銘聯》：「太原車馬功銘石，左氏春秋事附經。」（圖1-110），運筆緩慢推進，力

度深厚，筆劃毛而不光，結體向左右開張，舒展大氣，金石味很濃。

趙世駿（？-1927），字聲伯，江西南豐人。陳寶琛弟子，久居北京。精通書畫。書法宗鍾繇、王羲之、褚遂良、米芾，尤善寸楷。畫工花卉。其書法作品有行書對聯《贈季言四哥》，此聯內容為：「長爪修眉李昌穀，嬋娟羅綺褚河南。」筆劃粗細變化較大，結體內鬆外緊，寬舒大方，風格近似褚遂良，又帶有米芾行書的筆意。七言聯：「味道淨飡八德水，夢遊飛越三神山。」（圖1—111），筆劃、結體、氣韻均逼近褚遂良《雁塔聖教序》。

劉鳳起（1867-1933），字未林，晚號真廬老人，江西南城人。晚清詩人、書畫家。自幼聰穎好學，七歲時即能為人書寫春聯，筆法遒勁有力。十二歲以詩名稱神童。光緒二十八年（1902）中舉人，次年中進士，授翰林院編修。旋被派赴日本考察法政。回國後辭歸故里，被江西巡撫馮汝騤奏留南昌辦學，任諮議局議紳、憲政籌備處諮議、教育總會會長、師範學堂監督。辛亥革命後曾任江西民政長。後又應李烈鈞約赴廣東參與護法軍機。一九二二年後定居上海，不問時政，以賣書畫自給。著有《味琴仙館遺詩鈔》一卷。有書法作品傳世。書法源自趙孟頫而略變其體，晚年參入劉墉筆意，豐腴秀潤，古雅蘊藉，有名於時。事見《南城縣誌》、吳宗慈《劉鳳起傳》（《江西省人物新志稿第一輯》）等。

劉鳳起書法作品有《贈春渠仁兄詩軸》（阿堅澤畔），紙本，行書。共三行，六十八字。刊於《當代名人書林》。此詩軸書於一九三〇年，筆劃豐潤含蓄，筆斷意連，字距行距均很疏朗，具

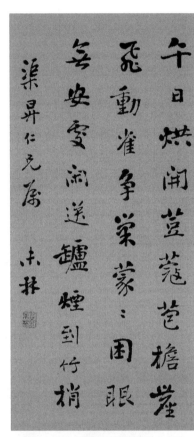

▲ 圖 1-112　劉鳳起《贈渠升仁兄》

有寧靜虛和之美。自作詩《贈渠升仁兄》：「午日烘開豆蔻苞，簷塵飛動雀爭巢。濛濛困眼無安處，閑送爐煙到竹梢。」（圖1-112）筆劃拙中藏秀，結體斜側取妍，筆斷意連，佈局疏朗空靈。

**劉廷琛**（1868-1932），字幼雲，號潛樓，江西九江人。光緒十九年（1893）舉人，二十年進士。歷官翰林院編修、山西學政、陝西提學使、學部右參議等。曾赴日本考察。後參與張勳復辟，授內閣議政大臣。

其書法有《臨孫過庭書譜》局部。

**周壽祺**（1872-1940），字鶴年，號鶴巢，別署梅隱。江西吉安人。清末曾仕宦湖南。善畫花卉，工筆秀逸，亦擅長詩詞。書法扇面（草橋南望），筆劃清勁，字體修長，富有靈秀之氣。

**夏敬觀**（1875-1953），字劍丞，號映庵，又號盦水。江西新建人。光緒二十二年（1894）舉人。曾入張之洞幕府，參與新政活動，並主辦西江師範學堂。繼任上海復旦、中國公學等校監

督。江蘇巡撫參議、江蘇提學使等職。辛亥革命後，帶頭剪辮子，擁護新政。後任浙江教育廳長。著有《忍古樓詩集》，另有《忍古樓詞話》《詞調溯源》《映庵詞》等。夏敬觀工詩詞書畫，書法質樸蒼勁，如老樹著花。其書法作品有楷書《舊作黃埔園坐看月》（圖 1-113），用筆和結體取法於歐陽詢、柳公權，筆劃勁健，棱角分明，結體端莊工穩，行距均勻，字距不求一致，顯得整齊中略有變化。

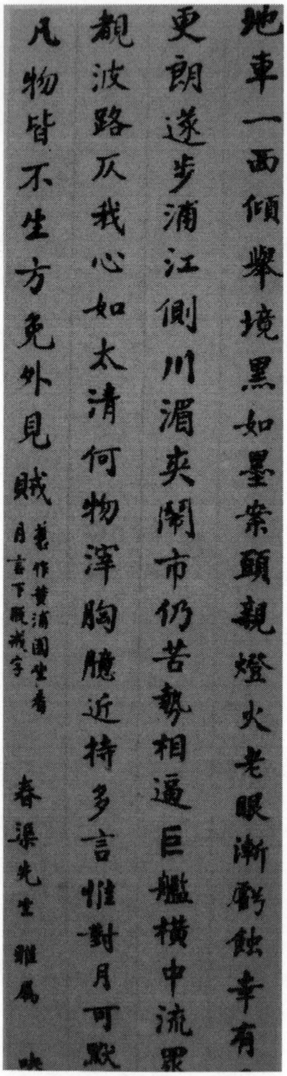

**汪琨**（1877-1946），字仲山，江西婺源人。山水宗清代宮廷畫家「四王」（王時敏、王鑒、王原祁、王翬），嘗游吳石仙門下，筆墨款書，無不逼肖。繼王震之後，為豫園書畫善會會長。書法八言聯：「壽永年長其人有德，氣和神悅被天之休。」源自顏真卿楷書，兼有魏碑的拙趣。

**黃鴻圖**（1880-1940），譜名至明，字咸和，又字道爾，號樨棠，退居鄉間又號菜根居士，江西臨川人。一八九九年入府學，光緒己酉科拔貢。一九〇二年任南昌學堂教

▲ 圖 1-113　夏敬觀《舊作黃埔園坐看月》（局部）

▲ 圖 1-114　李烈鈞《贈眉軒鄉先生聯》

習，一九一〇年任職陸軍部、郵傳部。他從小隨同鄉李瑞清學習書法，毫無二致。雖無創新，但功力至深。其書以甲骨金文為佳，勁節瘦硬，古氣盎然。行楷秀逸寬博有黃山谷遺意。主要著作有《櫟棠論書雜著》《菜根居士詩集》等。[5]

**李烈鈞**（1882-1946），字協和，江西武寧人。國民黨早期黨員，追隨孫中山革命，一九〇二年入江西武備學堂。一九〇四年赴日留學。一九〇七年加入同盟會。辛亥革命爆發後，李烈鈞被推任江西都督府參謀長、海陸軍總司令，迫使北洋海軍主要艦艇宣佈起義。一九一二年中華民國成立，被孫中山任命為江西都督。一九一三年七月十二日在江西湖口成立討袁軍總

---

5　孫洵：《民國書法史》，江蘇教育出版社 1998 年版，第 252 頁。另見南昌市地方誌編委會《南昌簡志》，方志出版社 2004 年版。

司令部，就任總司令，揭開二次革命的戰幕。一九一七年後任孫中山兩次在廣州所組政府的總參謀長，輔佐孫中山打敗陳炯明。一九二五年應馮玉祥之邀任國民軍總參議，指導國民軍與奉軍作戰。一九二七年初被蔣介石任命為江西省政府主席，任南京國民政府常委兼軍事委員會常委。一九四六年二月二十日卒於重慶。

　　李烈鈞書法作品有《贈眉軒鄉先生聯》「寶儀風度大白文章」（圖 114），紙本，楷書。刊於《民國時期書法》（上）。此聯筆劃和結體取法於顏真卿，又兼有魏碑的氣骨，筆劃樸拙生辣，結體方正端嚴，體現了軍人自信、沉穩的性格。

　　**汪辟疆**（1887-1966），原名國垣，號辟疆，晚號方湖，江西彭澤人。一九〇九年入北京京師大學堂，一九一二年畢業，一九一八年任江西心遠大學教授。一九二七年起在南京第四中山大學、中央大學、南京大學任教授。一九四八年因于右任推薦，任監察院監察委員、國史館纂修。汪氏專經學、文學、目錄學。著有《光宣詩壇點將錄》《近代詩人述評》，均為近代詩學的重要著作。又《唐人小說》為收唐人小說之重要之作，貴在校訂和考釋。其詩作輯有《方湖類稿》，其他論著還有《目錄學研究》《漢魏六朝目錄考略》等。汪氏書法源出晉唐，瀟灑蘊藉又不失法度，清新格致又富有詩意。他在國立中央大學等校執教近五十年，在當時眾多學者中頗有書名。**6**

　　**王易**（1889-1956），原名朝綜，字曉湘，號簡庵，江西南昌

---

**6**　孫洵：《民國書法史》，第 209 頁、第 218 頁。

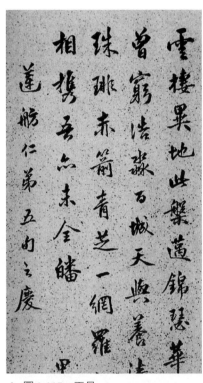

▲ 圖 1-115　王易
《奉贈蓮舫仁弟》（局部）

人。一九一二年畢業於京師大學堂（北京大學前身），任教於心遠大學、北京師範大學、東南大學、中央政治大學、中正大學。新中國成立後，在湖南省文史研究館任職。著有《國學概論》《修辭學》《詞曲史》等。王易多才博學，精通詩歌、詞曲、書法、音樂。工宋詩，書法初學《靈飛經》，後習鍾、王，兼善褚遂良楷書，篆刻得黃士陵傳授，造詣很深。書法作品《奉贈蓮舫仁弟》：「雲樓異地此槃邁，錦瑟華年足嘯歌。萬里君曾窮浩淼，百城天與養清和。蟹胥象譯千珠琲，赤箭青芝一網羅。湖上春風思綠　，相攜吾亦未全皤。」（圖 1-115）筆劃清勁靈動，結體斜側取妍，呈現出濃郁的書卷氣。

陳寅恪（1890-1969），字鶴壽，義寧（今江西修水）人。陳三立之子。光緒二十八年（1902），陳寅恪隨兄衡恪東渡日本，入日本巢鴨弘文學院。一九〇五年因足疾輟學回國，後就讀上海吳淞復旦公學。從一九一〇年起，先後到德國柏林大學、瑞士蘇

黎世大學、法國巴黎高等政治學校、美國哈佛大學等世界名校留學。一九二五年回國，應清華大學之請，與王國維、梁啟超、趙元任同為國學研究院導師，成為學貫中西的國學大師。新中國成立前夕，他任教於廣州嶺南大學。院系調整，嶺南大學合併於中山大學，遂移教於中山大學。新中國成立後，他先後被推舉為中國科學院社會科學部委員、中國文史館副館

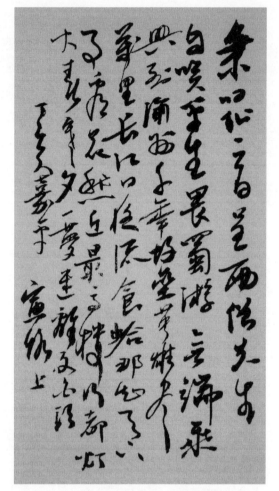

▲ 圖 1-116　陳寅恪《錄舊作一首呈兩僧先生》

長、第三屆全國政協常務委員。著有《隋唐制度淵源論稿》《唐代政治史述論稿》《元白詩箋證稿》《寒柳堂集》《金明館叢稿》等。十年動亂期間，陳寅恪遭到殘酷折磨。使他最傷心的是，他珍藏多年的大量書籍、詩文稿，多被洗劫。一九六九年十月七日

在廣州含恨離開人世。陳寅恪雖不以書法名家，但他寫的行草書，筆勢自然流利，行氣酣暢，以側取妍，字裡行間顯現出名士風度。如詩稿《錄舊作一首呈兩僧先生》（圖 1-116），此詩稿內容為：「自笑平生畏蜀遊，無端乘興到渝州。千年故壘英雄盡，萬裡長江日夜流。食蛤那知天下事，看花愁近最高樓。行都燈火春寒夕，一夢迷離更白頭。」其筆劃或飽滿含蓄，或挺勁流利，章法由疏而密，一氣灌注，在隨心走筆的書寫中表現出深厚的學養和憂世的情懷。

楊銓（1893-1933），字杏佛，江西清江（今樟樹）人。經濟管理學家，社會活動家。早年加入同盟會。一九一二年任南京臨時政府總統府秘書。一九一三年留學美國。一九一八年回國，後曾任孫中山秘書。一九二七年後，任國民黨上海政治分會委員、大學院副院長、中央研究院總幹事。一九三二年參與發起組織中國民權保障同盟，任副會長兼總幹事，積極參加營救革命人士的活動。一九三三年六月十八日被國民黨特務暗殺於上

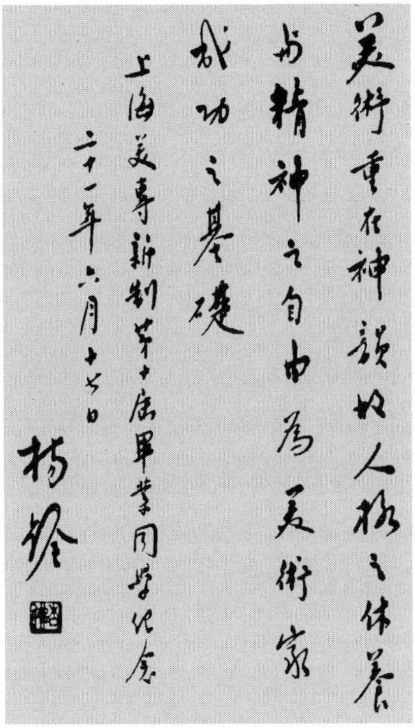

▲ 圖 1-117　楊銓（杏佛）題詞

海。善書法，風格秀健疏放。著有《楊杏佛文存》《楊杏佛演講集》。楊杏佛書法墨蹟有《為上海美專同學題詞》（圖 1-117），行書，筆劃清勁秀潤，結體略顯修長，筆勢靈動，格調清雅。

　　**邵祖平**（1898-1969），字潭秋，別號鐘陵老隱、培風老人，室名無盡藏齋、培風樓，江西南昌人。因家境貧寒未入過正式學校，自學成才，喜歡寫詩交友，早年肄業於江西高等學堂，為章太炎高足。一九二二年後歷任《學衡》雜誌編輯，東南、之江、浙江大學教授，章氏國學會講席，鐵道部次長曾養甫秘書，朝陽法學院、四川大學、金陵女子大學、華西大學、西北大學、西南美術專科學校、重慶大學、四川教育學院教授。新中國成立後，歷任四川大學、中國人民大學、青海民族學院教授。著有《中國觀人論》《文字學概論》《國學導讀》《詞心箋評》《樂府詩選》《七絕詩論七絕詩話合編》《培風樓詩存》（杭州刊本，民國二十七年成都刊本）、《培風樓詩續存》（民國二十七年成都刊本）、《培風樓詩》（商務印書館版，民國二十一年初版、民國三十五年再版，曾獲教育部一等獎）、《峨眉遊草》（民國三十二年排印本）、《關中游草》等，今有重輯本《培風樓詩》行世。一九六九年二月五日逝世。邵祖平書法作品有《向異靈區詩軸》，紙本，行書。共六行，八十三字。刊於《民國時期書法》（上）。其內容為自作詩。書法遠承晉唐，受鍾繇、歐陽詢楷書的影響較大，運筆藏露結合，圓潤挺勁，結體略呈斜側，字距緊密，行距疏朗，風格含蓄清雅。

　　**蔣彝**（1903-1977），原名仁全，字仲雅，又作重啞，筆名啞行者，原籍九江市，一九五五年加入美國籍。一九二二年，蔣彝

考入國立東南大學化工系，一九二六年，畢業後，分別任教於江蘇海州十一中學和九江光華中學，年底北伐軍攻佔九江後，他便投筆從戎，隨國民革命軍第七軍白崇禧部進軍浙、滬，任政治部書記長。後歷任上海國立暨南大學講師，安徽蕪湖、當塗、江西九江三縣縣長。一九三三年去英國倫敦，任倫敦大學東方學院中文教授。其間，他特別留意西方人對中國書法和繪畫的看法，當他從西文書中瞭解到西人對這兩門藝術有不少錯誤的概念，感到中國藝術在西方還沒有得到應有的介紹和解釋，於是立志傳播這兩方面的知識。一九三七年，蔣彝出版《英國湖濱畫記》，一舉成名。一九三八年，中國政府送了兩隻熊貓運至英國倫敦博物園展覽，蔣彝開始畫熊貓，被歐美畫家稱為「熊貓人」，他是第一個通過繪畫向英國和世界介紹中國珍貴動物──大熊貓的畫家。一九三九年九月，英國對德宣戰，蔣彝一度供職英國情報局，擔任翻譯。一九四九年，他由倫敦移民牛津，以著書繪畫為生。一九五五年任美國哥倫比亞大學中國語文教授，並申請加入美國國籍。一九五八年任哈佛大學聯誼會講座教授、哈佛大學愛默生特約講座教授。其間，他還經常為波士頓的披巴德博物館鑒定收藏中國文物。一九七一年在哥倫比亞大學退休，被授予終身教授榮銜。一九七二年，任香港中文大學客座教授，並舉辦個人畫展。一九七五年回到了闊別四十二年的祖國，與妻子、女兒團聚。一九七七年，蔣彝第二次回國訪問，同年十月二十六日在北京首都醫院逝世。遵照他的遺言，將其骨灰葬於廬山腳下馬回嶺公墓，以遂他平生「樹高千丈，葉落歸根」的夙願。

　　蔣彝是國際知名的畫家、詩人、作家和書法家。他的畫涉及

面很廣，山水、人物花卉、鳥獸無所不及，一生作畫三千多幅，所創畫記體裁為世界所推崇。其書法研究有素，篆、隸、行、草各體皆擅，尤其行書見長。旅居海外四十餘年，他始終保持著中國人的傳統美德和高尚情操。他撰寫的英文遺著共二十五種：《湖濱畫記》《戰時畫記》《約古郡畫記》《倫敦畫記》《都柏林畫記》《愛丁堡畫記》《牛津畫記》《三藩市畫記》《巴黎畫記》《紐約畫記》《波士頓畫記》《日本畫記》《中國畫繪》《中國書法》《兒時瑣憶》《金寶與大熊貓》《金寶在動物園》《明的故事》《鳥與獸》《中國的視窗》《大鼻子》《羅鐵民》《野賓》《在緬甸公路上的人》《重訪中國》。中文詩集有《蔣重雅詩》《重啞絕句》與《蔣彝詩集》。《中國書法》是他向西方傳播中國書法藝術的重要著作。

　　**傅抱石**（1904-1965），原名長生、瑞麟，欣賞清初畫家石濤，自號抱石齋主人，江西新余人。十一歲時自學書畫、篆刻。早年畢業於江西省立第一師範學校，後在徐悲鴻的幫助下赴日留學，專攻雕塑及東方美術史，深入研究繪畫、書法、篆刻。回國後任教於中央大學藝術系。新中國成立以後，任中國美術家協會副主席、江蘇省書法印章研究會副會長等職。他是著名畫家、美術史論家，融合中西技法，力主創新，畫風豪放雄健。郭沫若認為，中國繪畫南北有「二石」（北有齊白石、南有傅抱石）。傅抱石擅長書法、篆刻，對甲骨文、籀文、小篆、隸書及草、楷、行書，涉獵殆遍。書法功底深厚，典雅雋逸。篆書源於金文、石鼓文，楷行草在晉唐之間，瀟灑蒼秀。篆刻雄邁渾厚，力主以書法為基礎，結合章法、刀法，成為完美作品。著有《中國繪畫理論》《中國的人物畫和山水畫》《摹印學》等。

舒同（1905-1998），又名宜祿，字文藻，江西東鄉人。參加多次反圍剿戰爭以及紅軍長征，任師政治部主任。抗日戰爭時期，任八路軍總部秘書長、晉察冀軍區政治部主任。解放戰爭時期，任中共中央華東局常委兼社會部部長。新中國成立後，任山東省委第一書記、中國人民解放軍軍事科學院副院長。中國書法家協會首屆主席，第二、第三屆名譽主席。自幼酷愛書法，由於寫出一手好字而被當地人譽為神童，行軍時經常在馬背上揣摩書法，有「馬背書法家」之譽。毛澤東曾稱讚他是「紅軍書法家，黨內一支筆」。其子舒安在《千秋翰墨——舒同》一文中談及他的書法時指出，「他的文章與書法，一直是服務於革命與鬥爭的武器，雖『從戎』而未曾『投筆』，在大起大落的革命生涯中，逐漸錘煉磨礪成自己獨特的風格面貌」。遍臨百家，獨樹一幟，其書體名曰「七分半書」——在真、草、篆、隸、行各取一分，顏、柳各取一分，何紹基取半分。善用藏鋒、中鋒，線條飽滿、圓潤，結體穩健莊重。著有《舒同字帖》《舒同書法藝術》。一九九七年，江澤民在首屆舒同書法節的題詞為：「長征過來人，書壇譜新章。」舒同逝世時的挽聯為：「從疆場作戰到奪取政權，軍內一支如椽筆；由馬背寫字而創立書協，藝壇元勳樹巨

▲ 圖 1-118　舒同
　行書「勤磨礪」

碑。」（江懷、周潔《紅色書法大師舒同的一生》）這些評語真實記錄了他所經歷的不平凡的藝術道路。舒同書法作品如「勤磨礪」（圖 1-118）。

## 第三節 ▶ 八大山人書法

### 一、生平經歷及思想性格

八大山人（1626-1705），姓朱名耷，是明朝宗室後裔。明太祖朱元璋第十六子朱權封寧王於南昌，在江西繁衍為八支（即臨川、宜春、瑞昌、樂安、石城、弋陽、鐘陵、建安），封為八王，朱耷屬於弋陽王支，世居南昌。

朱耷一生用過很多名號，大概在三十四至四十六歲期間，常用名號為傳綮和法堀，屢見名款為刃庵和雪個；四十六至五十六歲期間用個山、個山傳綮等；五十六至五十九歲期間用驢、驢屋、驢屋驢、人屋、個山、個山人、個山驢等；五十九至八十歲期間改用八大山人，前此名號，一律在題款上不用。[7]

根據《朱氏八支宗譜》載，朱耷族名統，號彭祖，襲封輔國中尉。祖父朱多炡，字貞吉，號瀑泉，襲封奉國將軍。工詩歌，精書畫。父親朱謀，字太沖，號鹿洞，是多炡的第六子，襲封鎮

---

7 王方宇：《八大山人作品的分期問題》，八大山人紀念館編《八大山人研究》，江西人民出版社 1986 年版，第 24-25 頁。

國中尉，生來喑啞，工書畫。《個山小像》像贊中有兩句話：「瀑泉流遠故侯家，九葉風高耐歲華。」瀑泉就是他的祖父朱多炡，九葉就是從朱權到朱耷繼傳了九代。

朱耷出生在弋陽王府中，生長在這樣的書畫世家，而且天資聰穎，因此從小就受到良好而正規的封建文藝教養，八歲能詩，十一歲能畫青綠山水，少時能懸腕寫米家小楷，約十六七歲為諸生（秀才）。一六四四年，朱耷十九歲，遭遇明朝滅亡的歷史巨變，從此以後，直到一七零五年以八十高齡辭世，他一直過著苦隱自放的生活。

一六四五至一六四九年，清兵先後兩次佔領南昌，在這期間，朱耷一家退避到新建縣西山洪崖一帶。據傳朱耷曾與寧都邱邦士等計議起事抗清，事情敗露後，他改名換姓，遁入空門，於順治五年（1648）二十三歲時，在奉新縣耕香庵落髮為僧。順治十年（1653）在耕香庵稱為「宗師」，曾有一百多人隨他學佛。此後，他便在奉柔佛巴魯中、進賢介岡、永豐睦岡、貴溪河潭等地隱居起來。

順治末年，清政府開始實行懷柔政策，允許竄伏山林的明宗室子孫回歸自己家中。朱耷便在三十六歲那年潛回南昌，在城南近郊創建青雲譜道院。

康熙十七年（1678）朱耷五十三歲時，清政府以纂修明史，開博學鴻詞科，征舉海內名儒布衣。這年，臨川縣令胡亦堂到處邀集名士參加編纂《臨川縣誌》，延請釋傳綮（即朱耷）隨其僧友饒宇朴等到臨川官舍做客，並要大家作詩唱和。胡亦堂使用這種風雅手段，使朱耷陷入了圈套。朱耷內心抑鬱憤懣，一年後精

神失常，很可能是佯為瘋癲，忽大笑，忽大哭。一日傍晚，突然撕裂自己的僧服，投入火中燒毀。於是離開臨川，獨自走回南昌。混跡於市，癲態百出。有一天，他侄子認出他，把他帶到家中，過了一年多，「病」就好了。一日，他在門上寫了一個很大的「啞」字，從此對人不交一言，但更加愛笑而且更愛飲酒。有時武人強制他入室作畫，甚至二三日不放歸，他便在堂上拉屎撒尿。武人拿他沒辦法，只好放他回去。**8**

後來他又回到青雲譜，在這裡度過了「花甲華誕」。六十二歲時，他把青雲譜道院交給道徒塗若愚住持，從此做一個還了俗的老遺民。為了生活，也不得不常常賣畫度日，但售價低廉。

朱耷離開青雲譜還俗後，並沒有完全與佛道割裂，而是常出沒在南昌城附近的幾處寺觀中，如清泰寺、開元觀、萬壽宮等處，他最常去的地方，是城北的北蘭寺（今北壇附近），並與寺僧澹雪交情甚篤，曾於寺壁作過大畫。康熙二十九年（1690），朱耷六十五歲時，邵長蘅客寓南昌，請澹雪約他到北蘭寺相見，後來邵長蘅寫了一篇《八大山人傳》。澹雪死後，八大山人也就不去北蘭寺了。

朱耷離開青雲譜還俗後，自己便在城東築室名「寤歌草堂」。那時石濤在揚州構建「大滌草堂」，朱耷於七十三歲時應石濤之請，在寤歌草堂畫《大滌草堂圖》。石濤致八大信中云：

---

**8** 張潮輯：《虞初新志》，《八大山人研究》，江西人民出版社 1986 年版，第 320 頁。

「聞先生七十四五，登山如飛。」可見朱耷在晚年身體還很健旺，但生活較貧困。當時南昌詩人葉丹寫有《過八大山人》詩云：「一室寤歌處，蕭蕭滿席塵；蓬蒿藏戶暗，詩畫入禪真。遺世逃名老，殘山剩水身；青門舊業在，零落種瓜人。」山人在這樣簡陋的草堂中淡泊冷漠、孤寂貧寒地度過了他的晚年。**9**

八大山人從康熙二十三年甲子（1684）五十九歲到康熙四十四年乙酉（1705）八十歲這一時期，生活比較安定，以文人賣畫的辦法生活。向他買畫的多為江西的鹽商，而他為糊口計，亦多以草草之作應付之。求他作畫，須先付潤筆及紙；要想得到他的精品，須由其文墨知交介紹並給予較高的潤筆費。八大山人賣畫當有經紀人，替他宣揚、給他介紹最出力的當是程京萼和方士綰。**10**八大山人《山水冊自題》中有「方語河水一擔直三文⋯⋯曷其廉也」之句，含義是山水畫潤筆低廉，好比一擔河水僅值三文。**11**

叢林《八大山人及其書法》一文對朱耷一生做了這樣的歸納：

9　參考《八大山人畫集》末附李旦文《八大山人及其書畫》，江西美術出版社 1992 年版。

10　王方宇：《八大山人作品的分期問題》，《八大山人研究》，第 23 頁。蔡星儀：《關於八大山人研究的幾個問題》，《八大山人研究》第 124 頁。

11　蔡星儀：《關於八大山人研究的幾個問題》，《八大山人研究》，第 126 頁。

　　山人的一生，皈依佛門歷十三年，隱入道館達二十六年，在俗四十一年（青年時二十三年，晚年十八年）。山人畢生不好交際，其間可能存有逃避政治迫害的用意在。其署款名號眾多，終不見本名，大概衷曲亦如是。他始終深銜著由家國傾覆之恨而燃起的抗節情緒。但是，國破家亡的仇恨，沒有使山人像黃道周那樣抗節殉國，肝腦塗地；像無可、普荷那般心寂於禪門，無波無瀾；像傅山那樣鄙視名利而窮餓溝壑。山人選擇的道路卻顯得十分複雜：他有切膚之憤，卻未拍案而起，慷慨赴死；他入僧入道，最終還是身還俗世；他以宗室遺民自居，卻仍然與二次屈身迎駕康熙帝的宗室弟石濤保持著友誼。其中的具體心態和種種顧忌，我們無法詳察，只能說，儒家文化傳統的正面與負面都在山人的行為上顯出了影響。傳統的正面影響，使他終生以前朝遺民自任，對清朝統治者採取不合作、不逢迎的孤傲姿態；傳統的負面影響，使他獨善其身，以暗啞、瘋癲、出家等手段躲避迫害，以苟延的性命寄心志於藝事。似乎自身的微弱存在，就是反抗的繼續。於是，山人的反抗當局不在其行跡，而在心跡，這心跡的憑藉則是他那特立獨行的藝術世界。[12]

　　從朱耷為自己所取的名號以及畫畫落款中，也可以看出他複雜的心態和抗爭的精神。比如他曾以「驢」為號，最後自稱「八

12 叢林編：《八大山人翰墨集》附錄，知識出版社 1992 年版。

大山人」，這種名號讓人難以理解，其實隱含著深悲巨痛和孤傲的鬥爭精神。

陳鼎《八大山人傳》載，朱耷棄家為僧期間，自號曰「雪個」，又改號曰「個山」，「既而自摩其頂曰：『吾為僧矣，何不以驢名？』遂更號曰：『個山驢』」。很顯然，朱耷對自己這種僧人的身份甚為憤懣，以「驢」「個山驢」自嘲。陳傳席《八大山人「驢」號臆釋》說：「按『驢』有二義，其一是兇狠，其二是愚蠢。八大山人曾在一幅《山水軸》上僅署一『驢』字，復鈐『技止此耳』一印。」「山人的『驢』號，不是幽默，更不是自謙，而是內疚，慚愧，無窮懊恨。是咒罵，是對自己無能的咒罵，又是對清王朝的憤恨和切齒。當清王朝日益強大，復明的希望絕無，遺民們的懊恨就愈深。驢雖蠢，但兇狠，山人豈不想像驢一樣兇狠地踢翻這個清王朝。」**13**

關於「八大山人」號的來歷，清人陳鼎、龍科寶、張庚均有解釋，茲引如下：陳鼎《八大山人傳》：「號八大山人，其言曰：八大者，四方四隅，皆我為大，而無大於我也。」龍科寶《八大山人畫記》：「山人初為高僧，嘗持八大圓覺經，遂字型大小曰八大。」張庚《國朝畫征錄》：「或曰『山人因高僧，嘗持《八大人覺經》，因以為號。』余每見山人書畫，款題『八大』二字必連綴其畫，『山人』二字亦然，類哭之笑之，字意蓋有在

---

**13** 《八大山人研究》，第 237 頁。

也。」[14]根據清人的這些解釋可知,「八大山人」一號的來歷與朱耷為道為僧的經歷和狂怪的性格密切相關,四字連寫,形似「哭之」「笑之」,隱含著亡國的悲痛和對清王朝不屈服的精神。

八大山人畫畫落款,從不寫清朝的年號,寫干支也只寫天干,不寫地支,以示有天無地,表示明朝的國土被掠奪了。[15]筆墨之間蘊含著憤激之情。

## 二、八大山人的書法

八大山人的書法藝術,就其存世的書跡而言,非常龐雜。大多散見於圖軸、圖卷和畫冊中,或者是寥寥數字的題款,或者是三五行題詩,有時也書寫數百字的長歌。山人兼善書畫,因而他的許多冊頁,常常是一半畫一半書,這些對題形式的書跡,有的臨寫前賢法帖,有的抄錄古詩,有的是筆記隨感,全憑興之所至,情之所鐘,不計較是否合於畫意,晚年也是如此。不過,六十歲左右以「八大山人」署款之後,立軸、尺牘、扇面、橫披、對聯等形式的單純書作漸漸多了起來。以下擬從八大山人書法創作的分期、師承、書法形質特徵、代表作品、書風對畫風的影響等五個方面,對八大山人書法進行介紹。

---

**14** 《八大山人研究》附錄。
**15** 潘深亮:《八大山人綜論》,《八大山人研究》,第 230 頁。

## （一）八大山人書法創作的分期

關於八大山人書法創作的分期問題，學術界的看法存在分歧，例如：王方宇（美）主張分五個時期，卜靈主張分三個時期，叢林主張分兩個時期。

1. 王方宇《八大山人作品的分期問題》把八大山人書法創作分為五個時期：

第一期：己亥（1659）年即三十四歲以前，其《傳綮寫生冊》共十五頁，共有書法十一段，字體有章草、隸書、楷書，其中隸書最好，其次是楷書和行書，有唐人氣度，有很明顯的歐陽詢筆法。

第二期：從己亥（1659）到辛亥（1671）年，即三十四至四十六歲，多數仍然是瘦硬的方筆，有很深的歐字的影響。四十六歲（即1671年）寫的《題畫詩軸》，有明顯的董其昌書法的影響，可以說在辛亥（1671）年以前，他曾有一段時間致力於董其昌的書體。

第三期：從辛亥（1671）到癸亥（1683）年，即四十六至五十八歲，僅表現在《個山小像》上的，就有篆、隸、楷、章草、草書（即小草）。凡是《傳綮寫生冊》中有過的書體，還都保持故有的形式。癸亥（1683）年閏六月出現了有黃庭堅書法體勢的《愛梅述》（有拓本），以及可能是對面臨的黃庭堅《酒德頌》（有拓本傳世，原跡在上海博物館）。黃字的豪放佈局，此後一直在他怪偉草書背後主使。

第四期：從癸亥（1683）到癸酉（1693）年，即五十八至六

十八歲，八大山人書法，正追向險絕，尤其是在己巳（1689）和庚午（1690）年之間，字體大小錯落，奇斜反正，筆劃自方轉圓，氣勢雄偉，常有驚人之筆。

第五期：從癸酉（1693）到乙酉（1705）年，即六十八至八十歲，八大山人書法最成熟而達到最高成就階段，流傳書跡最多。籠統地說，他在本期之中，一方面臨寫各名家作品，從不同的書法家作品中吸取精華；另一方面，他盡力追尋晉人深遠含蓄的氣勢，無論是行楷還是草書（即小草），甚至於章草，無論是臨寫還是隨便寫的信札，都一律成了八大山人的風格。他在臨寫的一本《臨河序》的後面寫道：「晉人之書遠，宋人之書率，唐人之書潤，是作兼之。」這就說明他在臨摹古人書法時，雖然臨的是王羲之《臨河序》，那裡面也兼有其他書法優長的要素。**16**

2. 卜靈《簡論八大山人的書法風格》把八大山人書法分為三個時期：五十九歲以前為「孕育期」，六十至七十二歲為「成長期」，七十二至八十歲為「老熟期」。

八大山人少年時期的作品一件也沒有流傳下來，現在能見到的書法作品，都是中年以後的，如四十六歲時所書署名個山、傳綮的行書七絕詩軸「青山白社夢歸時」（王方宇教授藏）。繪畫作品題詩最早的《傳綮寫生冊》，也是三十四歲時寫的。

《傳綮寫生冊》的題詩有幾種字體，其中楷書瘦硬方正，帶

---

**16** 王方宇：《八大山人作品的分期問題》，《八大山人研究》，第 35—38 頁。

隸書筆意，顯然是仿效歐陽父子的。其中題《芋》一幅，全仿歐陽通。其餘各幅行草則有顏魯公《爭座位帖》筆致，「磔」筆時而有如黃道周。

八大山人四十九歲時，他的好友黃安平為他畫了《個山小像》（現存南昌八大山人紀念館）。這幅畫像有八大先後自題六處。畫像時是甲寅（1674）年，另一處注明「戊午」當是制畫四年後，即八大五十三歲時。其餘五處題字當不出戊午年前後，這些題字分篆、隸、章、真、行、草六體。真書仍有歐體痕跡，署名「個山自題」的行書，字體酷似黃庭堅，最引人注目的則是甲寅年所題的兩行行書，無論筆法、結字、章法和神韻，活脫是董其昌。由此可見，八大對於董字是下了不少功夫的，對董其昌也是非常欽慕的。至於八大從什麼時候開始學董，不便臆斷。從現存書跡看，四十一歲（丙子）所作《墨花圖卷》題款，已是董體，只是時有方折筆劃。到五十二歲（丁巳）作《梅花圖冊》後副頁行書詩「泉壑窅無人」，則完全是老練的董體。

八大五十七歲（壬戌）時所作《古梅圖軸》以真行草所題三詩（可能是三次寫的），已經是非歐非黃非董。同年還有《罋頌》，次年又有《愛梅述》，從這些書作中可看出其力圖擺脫前人窠臼、自立家門的意圖。

「甲子春正」八大五十九歲時所作《個山雜畫冊》題詩，開始出現運用禿筆，以篆書中鋒，糅合真、行、草於一爐，結字多采異體，章法則用張顛、素師的狂草大小長短欹正相間之法，形成「八大體」的雛形。

「甲子」的《個山雜畫冊》和前兩年所作《古梅圖》，對八

大的藝術生涯來說是個轉捩點，就書法來講，這個時期初步確定了自己的風格，因此，前此可稱為「孕育期」。

《雜畫冊》署名「個山」，初次使用「八大山人」名章，「乙丑」年（1685），八大山人在青雲譜道院度過花甲誕辰，這一年為「粟亦社兄」所書林兆叔詩扇面，開始署名「八大山人」。使用「八大山人」名，表明這一轉折。

大約在七十二歲（丁丑，1697年）題《河上花圖卷》前後，結字上追求「怪偉」（邵長蘅語）的趨勢漸收，恣肆中求古勁高秀，達到隨心所欲不逾矩了。至此可以算作「成長期」。這一時期的主要特點：第一，無論書法作品或是繪畫題字，多是行草，不再用或較少用篆隸和真書；摒棄方折的隸意，純用篆書的圓轉。第二，追求結字和章法的變化，以別於前人。第三，恣意揮灑以澆胸中之塊壘，不獨繪畫如《古梅圖》《孔雀圖》，書法作品也是這樣。

丁丑年以後直到乙酉年八十歲去世，可算作「老熟期」。這一時期「人書俱老」，多是「爐火純青」之作。乙酉年（1705）夏日作《書畫冊》，同年五月的《般若波羅蜜多心經》，這些作品可稱八大書藝的巔峰。如果同懷素相對照，成熟期的書作有如素師的《自敘帖》，老熟期的精品就如素師的《小草千字文》了。[17]

3. 叢林《八大山人及其書法》一文把八大山人書法分為兩個

---

**17** 葛靈：《簡論八大山人的書法風格》，《八大山人研究》，第 143-145 頁。

時期，他說：

　　我們習見的「八大體」，基本上是山人晚年（60-80歲）的藝術風格。六十歲以前的書跡，由於個性風格尚未確立，在體勢面貌上反而顯得繁複多樣。因而，考察山人的書法，前後兩個時期的差別較為明顯。恰巧，山人在六十歲左右開始署款「八大山人」，那麼，以此作為劃分前後兩個時期的界標，較為允當。

　　山人前期書法，下限當在六十歲（1685年）前後，那麼上限呢？根據山人傳世的書跡，最早莫過於三十四歲時作的《傳綮寫生冊》中的題畫詩，因此考察的上限只能確定在這一年（1659）。在前期的二十六年間，其書跡的名款甚多，時有變更，而最常見的是驢、驢屋、個山、雪個、傳綮、人屋等。儘管前期的書跡不少，尋繹山人書法在前期的演進，有幾宗作品中的書跡足以展現其嬗變的軌跡。

　　1.《傳綮寫生冊》題詩、題記，作於三十四歲。

　　2.《墨花圖卷》題詩、題記，作於四十一歲。

　　3.《個山自題小像軸》自題，作於四十九至五十三歲之間。

　　4.《梅花圖冊》題詩，作於五十二歲。

　　5.《劉伶酒德頌卷》，作於五十歲前後。

　　6.《古梅圖軸》題詩，作於五十七歲。

　　《傳綮寫生冊》上的書跡，兼及四種體勢：《奇石》題詩作隸書，《芋》題詩作楷書，《西瓜》題詩三首分別為楷

書、草書和行書。其中楷書乃歐體面目。《墨花圖卷》題詩、題記乃行書，與《傳綮寫生冊》中的行書相比，已是十足的董其昌體。《個山自題小像軸》的六處自題，篆、隸、楷、草、行五種體勢俱全，篆書為初見；隸書、草書同於《傳綮寫生冊》；行書兩處，一處作地道的董其昌體，一處作熟練的黃庭堅體；楷書二處，一處作歐體，一處非歐非黃。由此可以推見，山人在青少年時代受過全面的書法訓練，臨習過諸家法帖。聯想到山人父親就是一位「工書畫，名噪江右」的書畫家，似可斷言，山人自幼即受家風薰陶，家學淵源和優越的社會地位是其藝術靈苗發育的最初溫床。

　　雖然山人在四十歲許書法已兼工諸體，比較而言，諸體之中，主要以楷書、行書和草書見長。三體各有所宗，胎息的跡象十分顯著。楷書逼似大小歐陽，行書酷似董其昌，草書似自宋克的章草而來，而略有變化。《劉伶酒德頌卷》的書跡，仿黃庭堅，亦用過很大的心力。山人五十歲以前師承的蹤跡，從以上所舉書跡中可見概貌，更可明瞭山人前期書法師承的重點和得心應手處，主要在於歐、黃、董三家，在明清之際的書壇上，這種路數是學書者的大道通衢，並未逸出時風之外，尤其是董其昌體，幾乎披靡了當時整個書壇，數十年不衰。山人對董體的鍾情，初始自不免是從俗，隨著書畫實踐的積累和識見修養的增長，對董體的崇尚，漸漸含有折服傾心的意味。奇怪的是，在五十七歲所作《古梅圖軸》的行書、草書題詩書跡中，董體字只有下意識的流露，僅見於個別字。五十七歲以後的書跡中，我們難以再見到山

人那筆可以亂真的董體字了。有人認為：山人對董體字的捨棄，在於康熙皇帝喜歡董氏書跡，山人與清廷猶如冰炭水火，彼之所好，我必拒之，為了表示恥於合流，不得不潛心改跡。從而形成不為當局喜歡的「頗狂偉」的風格。這樣的見解，似乎無法解釋山人晚年變法後依然篤好董氏書畫這一客觀事實。我以為，大凡藝術家在其變法階段捨棄早年的師承規範，是一種個性發揚的需要所致，符合藝術發展的邏輯。當然，對於山人這位處在特定的歷史環境和社會地位的藝術家來說，自有一種桀驁不馴的反叛精神閃爍其中。

在晚年變法之際，山人師承得惟妙惟肖的歐體字和黃體字，也呈現出異態。最值得注意的重要證據是《古梅圖軸》上的那三行題詩的楷書，已經是歐體字和黃體字的有機糅合：線條形態多取歐體字的法相，字構（即結體）則是黃體字的體象。並且，山人將其對黃體在結字上奇崛、開張的體味，化解為一種技法手段，應用於行書與草書之中。這類跡象，如果說在《古梅圖軸》的行、草書題詩中只能朦朧地感受到些許，那麼，在其五十九歲所書的《雜畫冊》題詩書跡和六十一歲所書的《盧鴻詩冊》書跡中，則已分明地活現出他對黃體構架、意韻的採擷和吸收。《古梅圖軸》上的題詩書跡，正是人們公認的「八大體」的雛形。甚至可以說，山人對於黃體的體味對其形成「八大體」產生過重大的影響。因而，山人五十七歲許對歐、黃、董三家書藝的揚棄，都是基於晚年變法的客觀需求。而這三家對山人書藝發生的影響，構成了山人變法的主要支撐點。即使是在「八大體」形

成之後，稍加留意，這三家的影響仍然在山人的書跡中時隱時現。

真正代表著山人書藝風格和成就的作品，是其後期二十年間的一系列各體書跡，尤以行、楷、草三體書中洋溢的個性最為登峰造極。[18]

從王方宇、卜靈、叢林三人對八大山人書法創作分期的觀點看，雖然有的分得細緻，有的分得粗略，但有一點是接近的，即從五十七歲至六十歲是八大山人擺脫前人窠臼，自立家門的時期。王方宇認為，從五十八歲起，山人書法開始「追向險絕」，六十歲後的書法「筆劃自方轉圓，氣勢雄偉，常有驚人之筆」。卜靈、叢林都指出：山人五十七歲所作行草書表現出對歐陽詢、黃庭堅、董其昌三家書藝的揚棄，「非歐非黃非董」；五十九歲開始「運用禿筆，以篆書中鋒，糅合真行草於一爐，結字多采異體」，形成「八大體」雛形；六十歲開始使用「八大山人」印章。綜合三人的觀點，八大山人書法創作大致可以六十歲為界，分為前後兩個時期，前期博采百家，面貌繁複多樣，後期個性鮮明，成就卓著。

## （二）八大山人書法創作的師承

關於八大書法的師承問題，歷來有不同的提法，我們不妨先

---

**18** 《八大山人翰墨集》卷首，知識出版社 1990 年版。

觀照清朝人對於山人書藝的種種品評。邵長蘅《青門旅稿》：「山人工書法，行楷學大令、魯公，能自成家。狂草頗狂偉。」[19]陳鼎《八大山人傳》：「善書法，工篆刻，尤精繪事。」「余嘗閱山人詩畫，大有唐宋人氣魄。至於書法，則胎骨于晉魏矣。」[20]張庚《國朝畫征錄》：「八大山人有仙才，隱於書畫，書法有晉唐風格。」[21]吳修《昭代尺牘小傳》：「書有別趣。」楊賓《大瓢偶筆》：「有鍾王氣。」又：「山人書學《瘞鶴銘》。」曾熙《醉翁吟卷跋》：「八大山人純師右軍，至其圓滿之中，天機渾浩，無意求工而自到妙處，此所以過人也。」[22]龍科寶《八大山人畫記》：「山人書法尤精，少時能懸腕作米家小楷，行草深得董華亭意，今不復然。」[23]當代謝稚柳說：「受明王寵的書勢所引發。」李苦禪說：「得益於鍾繇、王羲之父子及孫過庭、顏真卿。」[24]這些品評之語，歸納起來，不外論其風格，溯其淵源。論風格者：「狂偉」「晉唐風格」「別趣」「有鍾王氣」；論其淵源者：「行楷學大令、魯公」，「胎骨於晉魏」，「書學《瘞鶴

19 《八大山人研究》附錄，第 316 頁。

20 《八大山人研究》，第 318-319 頁。

21 《八大山人研究》，第 320 頁。

22 以上三則轉引自叢林《八大山人翰墨集》卷首，知識出版社，1990 年版。

23 八大山人紀念館編《八大山人研究》附錄，江西人民出版社 1986 年版，第 318 頁。

24 以上二則轉引自卜靈《簡論八大山人的書法風格》，八大山人紀念館編《八大山人研究》，江西人民出版社 1986 年版。第 146 頁。

銘》」，「純師右軍」，「行草深得董華亭意」，受王寵書勢引發，「得益於鍾繇、王羲之父子及孫過庭、顏真卿」。這些品評大多概略地大而化之地界定一番，三言兩語，點到特徵和關鍵處即止。

山人的書法淵源，如果以前期的擅長所在而論，當在唐宋無疑：歐體字奠定於三十四歲時，董體字則奠定於四十一歲許，黃體字奠定於五十歲許。

八大山人的書法作品有一顯著特點：五十七歲（壬戌，1682年）書《甕頌》以前，臨仿的痕跡明顯，而不標明「臨」；大約作《酒德頌》開始注明「臨」「仿」字樣。如果把標明「臨」「仿」的，和不注明的加在一起，所師古人是可觀的，計有漢魏六朝的蔡邕、鍾繇、張芝、索靖、王羲之、王獻之、王僧虔，隋唐五代的歐陽詢、歐陽通、虞世南、褚遂良、唐高宗（李治）、孫過庭、李北海、張旭、徐浩、顏真卿、懷素、楊凝式，宋代的蘇軾、黃庭堅、米芾，明代的宋克、王寵、董其昌、黃道周，以及《閣帖》《瘞鶴銘》等。可以說八大是「轉益多師」。**25**

山人晚年的二十年間，有一個現象頗值得注意，即仍然孜孜不倦地臨習《閣帖》，涉獵之廣，似乎遠遠超出了前期師承的範圍。書藝視野開闊宏大，書法的淵源已經追溯到王書流派的源頭。可是，山人晚年師承古人法書，卻完全是出帖式的意臨，其

---

**25** 以上引自卜靈《簡論八大山人的書法風格》，《八大山人研究》，第 146 頁。

中許多標明「臨某某書」的作品，物件僅僅是一種文字意義上的
憑藉——這裡所謂憑藉，是指字與字之間確定的詞、句、篇章關
係，僅以這種關係使藝術的書寫得以連貫暢通，從而使書寫成為
一種既定的有序的時間過程。山人筆下的書跡面目，都是自出機
杼的「八大體」。例如，他所臨的《臨河序》（《蘭亭序》），無
論是冊頁還是立幅，見不到右軍的筆致和字態，《蘭亭序》所特
有的靈和而遒媚的體象，竟不見絲毫的承襲。這樣的臨習手法，
只有在他形成個性風格之後，才有可能實施，才能出此奇道。遣
古人法象形貌，寫一己魂魄襟懷，實質上是今日所謂的創作。有
意味的是，董其昌晚年也是廣臨百家，亦用自家風格出之。在藝
術上深受董氏影響的八大山人如此以臨書作為創作，似乎也能見
出一種「師承」活現在其中。這樣的師承，自是一種方法上的、
精神上的師承了，已與行跡上的師承絕了緣。**26**

郭子緒《八大山人的書法》一文認為：

> 從八大山人書法進程看，余以為大概是這樣一個脈絡：
> 始學歐陽父子，既學章草、黃山谷行書，旁涉鍾繇、王羲
> 之、王獻之、懷素、李北海、蘇東坡、米芾、黃道周。最為
> 垂青和得益最多的是董其昌的行書。最終的結體取勢多從鍾
> 繇處得來。楷書結體似多取法於王獻之小楷《洛神賦》十三
> 行。行草書吸取董其昌、懷素之精華，發自家性情而大

**26** 《八大山人翰墨集》卷首。

成。**27**

### （三）八大山人書法形質的特徵

書法中的「形質」包括筆法、墨法、點畫、結體、章法等。「八大體」形質上有哪些特徵呢？

卜靈《簡論八大山人的書法風格》認為：「淡墨禿筆」是「八大體」在形質上的重要特徵。這一特徵從「改體」到最後一件作品，始終保持下來。用禿筆寫出等線，在書法史上不多見。由篆到隸的重大改進之一，是由等線變為有粗有細的線條。由隸書到真、行、今草，筆劃都是有粗有細，以表現輕重疾徐的節奏，以顯示內心的波濤，傳達思想感情於尺素之上。在神韻方面，「禿筆」自然形成雄渾老辣氣勢，是尖鋒不易做到的。八大「改體」之初，尚須憑藉多用異體字和結字的敧側移位，章法上的誇張變化等。到了晚年，這些都不再依重，用八大自己的話說，就是「氣象高曠而不入疏狂」（77歲時臨古人書冊語）。**28**

叢林《八大山人及其書法》認為「八大體」範疇中的種種作品，以行書、草書兩種體勢為典型，並對八大行書、草書中的用筆與線條、字構與章法進行了如下分析：

1. 用筆和線條，這是人們鑒賞分析書法作品時經常涉及的兩

---

**27** 《中國書法》，1998 年 5 期，第 23 頁。

**28** 卜靈：《簡論八大山人的書法風格》，《八大山人研究》，第 149 頁。

個基本範疇。當我們將用筆視為動態行為時，即為運筆。用毛筆書寫文字，筆與紙面摩擦，筆毫所含墨汁跡化於紙面，遂產生了線條。運筆是複雜的動態組合，而線條則是靜態的呈現。八大山人用筆，毛錐的鋒杪主藏，不過，這並非運筆時採取藏鋒的技巧造成，而是使用「禿筆」的效果。這種效果在「八大體」的雛形之中已見端倪，以後愈見明顯和強化，即使八十歲所書的工整小楷，亦放膽用「禿筆」為之，從而成為山人用筆的一個顯著特點。山人運筆時不作遲澀之勢，爽快明朗，轉折處也如此，這是特點之二。墨色上不濃郁，雖常有燥潤的對比，基本上趨於勻淡。如此種種，可以稱得上是意到、筆到、墨到，形格勢禁，控縱自如，開發出書法中筆勢的新格調。由此形成的「八大體」的書法線條，圓轉流暢，簡練渾樸，又極具張力，氣象渾穆高古。

　　2. 字構和章法，古典書法作品總是與詩文貼合在一起，不論是詩詞歌賦、文牘手札，還是碑銘經頌，都是一個特定的「文字鏈」。我們通常將文字鏈中的單字形態稱為「字構」，將某一特定的文字鏈的完形稱為「章法」。書法藝術的基本語彙是線條，只有當它活生生地貫穿在這具有外在形態的文字鏈中，即從字構到章法，才能產生豐富而典型的美感。一旦脫離了字構和章法，線條的個性化和價值就無從體現了。山人在完成線條個性化的同時，也將其書法的字構推向了「前人前」的境地。在手段上，集中表現為偏好異體字，改變字內部位間習常的架構關係，放膽誇張某一局部——消極誇張則令其促斂，積極誇張則使其縱展，形成激人興奮驚訝的對比。「八大體」形成之初，這些手法的運用尚有人為造勢的痕跡。隨其成熟，人為的跡象漸漸消弭，由曲意

的拔俗，表層的怪異，轉向與心靈合轍。七十歲以後，手段圓熟，得心應手，返歸於自然率真。尤其是他的尺牘，流暢無礙的筆勢，不求工，不求奇，逸筆縱橫，或妍或醜，或擒或縱，或草或行，眾態橫生，無不如意。字字閃爍天機和性靈，魅力醇厚雋永。

山人在字構上的具體特徵有二：一是實外而虛內，一是造險。實外虛內，是誇張字內的空間，虛處無筆，無筆處正所謂「計白當黑」，舉重若輕。猶如圍棋的「活眼」，直可作「書眼」視之。人們說山人學顏魯公，似乎是指這一特點的基本原理與顏魯公同。造險，與山人前期崇尚歐體有關，七十歲以前的「八大體」，在行跡上還保留著許多歐體的痕跡，如六十八歲臨寫的《臨河序》書跡，見不到王書的面目，反倒溢出歐體的書意。由於山人用禿筆作方勢，形態渾然，所以被人們忽略。純熟的「八大體」，篇篇可見山人造險出奇的字構，尤其是行書、楷書。險絕處直如大廈將傾，又無一字散緩失態，奇正、縱斂的矛盾編織其間，餘味無窮。從完形的角度看，真有十足的怪誕意味，比之徐渭、張瑞圖、傅山，因其字構基本上呈欹側狀，收斂之勢，且以禿筆書就的勻淡的曲線為主導，「莊」而「俊」的一面又隱然可感。怪偉箐拔者有之，離奇荒誕則不染，氣象高曠而不入疏狂輕薄。

字與字之間，以每行的中軸線為基準，山人較少大幅度移位，單字重心一般處在軸線上。單字的推進主要依字形的大小，字距的疏密生發自然的起伏。山人在這方面的用心，明顯弱於對字構的關切。行與行之間大體呈等距離。安詳自在是山人在章法

上的基調。由此又烘托了字構的樸茂、偉岸和恢宏。

山人書藝的總體風格，可以用種種相關的語調表達：狂偉、怪偉、奇倔、樸厚、冷逸、渾厚、高曠⋯⋯都是對山人後期作品的體認，幾乎與前期作品無涉。山人立於書法史上的不朽之作，也只能是他後期的筆墨。前期的種種面目，只是「八大體」的形成過程中具有價值。**29**

## （四）八大山人書法代表作賞析

八大山人的書跡，包括立軸、尺牘、扇面、橫披、對聯，以及在圖軸、圖卷和畫冊上的題款、題詩等多種形式。山人書法在博采百家的基礎上，形成了筆劃圓渾勁健，結體險怪多變，佈局疏朗大方，氣韻寧靜高古的獨特風格。現選擇一些有代表性的作品略做評析。

行書《安晚冊》之一「安晚」二字，似王羲之，又似董其昌，小字融合魏晉唐多家楷行書的特點，溫和純淨，頗耐看。

行書對聯「幾閣文墨暇，園林春景深」（圖 1-119），行書，用篆書線條寫行楷，融褚、歐、顏、趙楷書為一體，是對聯書法的代表作。幾、春二字內緊外鬆，似歐體；閣、文、墨、景、林五字結構寬博，內鬆外緊，似褚、顏、趙楷書。暇字左高右低，有動態感；園、深二字屬行草體，相互呼應。

行書《宋之問景龍四年春祠海》詩，此幅糅合了褚遂良、黃

庭堅、趙孟頫、董其昌等多家特點，筆劃方而略斜，中宮較寬綽，筆劃粗細大致均衡，章法上楷行結合，從容舒緩。多數字與趙孟頫的行楷書很相似；六十三頁「見」字從董其昌行書化成；七十四頁「良」，七十五頁「添」「遇」字，結體源自褚遂良；六十九頁「波」、七十二頁「搜」、七十五頁「人」、八十頁「何」等字的放縱筆劃源自黃庭堅。真可謂會眾美於一堂。

▲ 圖1-119　八大山人行書對聯

　　行草書《河上花卷跋》（圖1-120），紙本墨筆，縱四十七釐米，橫一二九點五釐米，天津市藝術博物館藏。從字體看，把褚遂良、趙孟頫楷書融為一體，字形方扁，內鬆外緊，如河、上、休、回、昆、明、由、盡、作、餘、日、東、金、剛、相、還、東、西、南、北、重、陳等；有的字形取法於魏晉楷書，上下傾斜，左右高低不一，如擎、拳、會、畫、晉等。筆劃以篆書圓暢飽滿的線條為主，融入王羲之、董其昌行草的流動之美，如郎、憐、高、盧、無等，線條粗細一致，純屬篆書筆劃；從章法

氣勢看，借鑒了黃庭堅的行草書，有些筆勢放縱舒展，如斜、邁、尺、帶等。字形結構以褚、趙方中帶扁、內鬆外緊的結構為主，兼有魏晉小楷變形錯位的特點；筆劃以篆書圓暢厚實的線條為主，融合王羲之、董其昌行草的流動之美，黃庭堅行草的放縱之勢，楷、行、草巧妙結合，融匯眾美，變化極大，理解起來有相當大的難度。從此幅可知，八大書法怪怪奇奇，有強烈的個性特徵，但筆劃無多種變化，更無肌膚之麗，結體也有些扭曲，缺乏端莊俊美的格局，所以總讓人感到美觀不足。

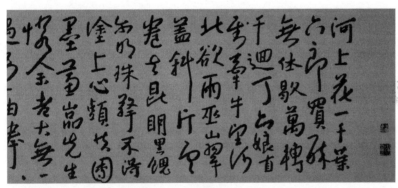

▲ 圖1-120　八大山人行草書《河上花卷跋》

　　行草《西園雅集》卷，紙本墨筆，縱二十六釐米，橫二百一十一釐米，北京故宮博物院藏。結體以修長為主，筆劃瘦勁，筆勢輕靈清爽，主要以董其昌行書筆法、歐陽詢楷書結體，融入了懷素小草《千字文》中婉曲簡淨的筆劃，再加上誇張、變形的創新技巧，故能獨具一格。

　　行草書《高適詩》卷，結構主要取法於顏體，方正寬博。

如：德、精、時、門、連、開、晴、明、月、甫、頌、高、投、
部、書、荊、尉、寵、回等，均源自顏體。筆劃以大篆圓渾壯實
的線條為主，兼有王羲之行草和懷素小草《千字文》筆意。如
千、年、聖、天、地，近似懷素小草《千字文》；秋、能、為、
何、憂、去、此、從、瞻、望、悠等字，均脫胎於王羲之行草
書。以大篆筆劃、顏體結構、王羲之靈動筆意構成此幅的形質特
徵，是八大山人的聰明過人之處。

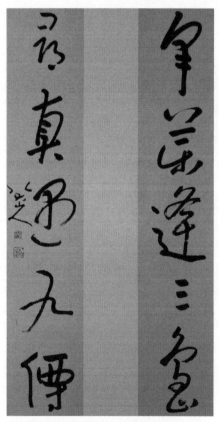

▲ 圖 1-121　八大山人行草書對聯

▲ 圖 1-122　八大山人草書軸

行草書對聯「采藥逢三島，尋真遇九仙」（圖 1-121），結構取法於褚遂良楷書、李邕行書，篆書線條，佈局極大膽，上下字形偏小，中間「藥逢」「真遇」字形偏大，別具一格。

草書軸：「客問短長亭，願畫鳧與鶴。老夫時患肝，鶴勢打得著。」（圖 1-122），用篆書寫大草，圓渾酣暢，結字時放時收，末行留有大量空白。事、得、鶴等字，從王羲之行草化出，氣勢放縱似黃庭堅草書。是八大體代表作。

草書橫披「翁原」，此幅是以篆書線條寫草書的代表作，結構變化大，筆勢圓暢放縱，似懷素、黃庭堅的狂草。佈局自然生動，似行雲流水。

《般若波羅蜜多心經》（晚年 80 歲作品），楷行書，形態似早期楷書，斜側取妍，筆劃極挺勁、簡潔，骨力奇峭，風格樸拙，無半點豐腴之態，真可謂豪華落盡見真淳。不可學。

《手札十九種》之十九「面訂」（圖 1-123），行草，結字奇正結合，筆劃圓暢中帶粗細變化，氣韻

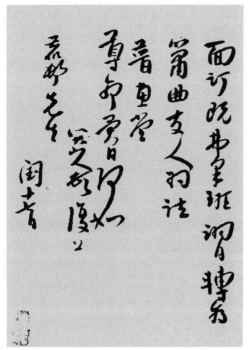

▲ 圖 1-123　八大山人手札

流暢，佈局疏朗，有空靈之美。是玲瓏秀雅的書札。

## （五）八大山人書風對繪畫的影響

美國方聞《八大山人生平與藝術分期之研究》在闡述八大書風變化對畫風的影響時，方聞獨具慧眼。他說：

> 一六九〇年初期，八大在書法上創新之時，在繪畫上也找到了新的途徑。他一六九二年五月所作的十六開冊頁，內容是以前熟見的主題──花、鳥、竹、水果，全冊用圓筆篆法寫出，如引首有「涉事」兩個大字，字體是雄渾古樸的草隸，有懾人之勢。此冊有一連串花鳥的圖樣，配上八大的標題和簽名，令人感到畫家進入了「凝神」的狀態，完全融入了繪畫的世界裡，不再關注塵世中的事物，用繪畫這種無聲的語言來表現超乎語言以外的境界。
>
> 八大永不失去的童心把繪畫當成墨戲以自娛，但是國破家亡的身世造成了他一生疏離、無所歸依的人生觀。單以技巧而言，八大已可以從心所欲，但是他把繪畫視同抽象的書法，用中鋒圓筆醞釀出一種意象混沌、筆帶「雙關」的表達方式。一筆落紙，開天闢地，有虛有實，或為樹幹、為枝椏、為葉片，或為土為石，為花為鳥。
>
> 一六九〇年初，八大六十五歲以後，終於開始致力於山水畫。其題畫詩句寫道：「墨點無多淚點多，山河仍是舊山河。」他從明末寫實主義的樊籠中一躍而出，轉而臨摹古代大家，把繪畫轉化為獨立、奔放甚而狂誕的書法線條體系；

同時他把詩人的熱情與幻想投入繪畫中，昇華而成絕對性、全面統一性的繪藝。他的山水，筆墨上有時用險筆，可是一點也不覺突兀，並且大塊文章取諸自然，又與古人「真山水」的道理不謀而合。**30**

## 第四節 ▶ 李瑞清的書法藝術

**李瑞清**（1867-1920），字仲麟，又字梅庵。臨川人。光緒二十一年（1895）進士，授翰林院庶起士。丁憂歸。魏光燾為雲貴總督，聘他主講大學。後魏改任兩江總督，他進入魏的幕府。曾任江寧提學使，兩江師範學堂監督。一九○六年赴日本考察學務。為培養美術專業的教育人才，特於學堂內開設圖畫手工科，開全國美術教育之先河。辛亥武昌革命軍起義時，江寧新軍合浙軍圍攻江寧城，總督張人駿奏請以李瑞清為布政使。城破，李瑞清封藩庫積金辦理移交手續後，遁居上海王家灣，掛牌賣書畫自給，身著道服，自署清道人。其聘妻為余祚馨女，未及婚而卒；餘以第六女配之，又逝；又配以第七女，又逝。遂鰥終身，更字梅癡以志痛。歿後，清室予諡文潔。生平事蹟見《清史稿》卷四八六、蔣國榜《臨川李文潔公傳略》、柳肇嘉《清道人傳》。**31**

---

**30** 〔美〕方聞：《八大山人生平與藝術分期之研究》，《八大山人研究》，第 40-43 頁。

**31** 陳伯海等：《中國文學大辭典》（分類修訂本），上海辭書出版社 2000 年版，第 1381 頁。

　　李瑞清是近代傑出的書法家、書法教育家和文學家。《清史稿》本傳說他「詩宗漢魏，下涉陶謝。書各體皆備，尤好篆隸」。柳肇嘉《清道人傳》稱他「提倡科學、國學、美術不遺餘力，中外教授及江南弟子數百人服其誠懇，教育成績評者推為東南冠冕」。

## 一、李瑞清的書法創作

　　李瑞清的書法創作道路是廣臨金石碑刻，納碑於帖。他在《玉梅花盦書斷》中自述了學書的經過：幼年學金文，先學《散氏盤》，時間最久；再學《齊侯罍》等，以後遍臨諸銅器銘文。二十歲以前臨摹漢代八分書。二十二歲以後致力於北魏真書，擴大到六朝所有碑刻。二十六歲以後，才開始學唐以後的書法。從碑刻入簡札，開始感到格格不入，於是研究帖學，先從宋拓初刻中悟其筆法，然後再以碑的筆法臨帖，方覺得其神。他說：「余每臨帖，以碑筆求之，輒十得八九；若但據守匯帖。無異向木佛求舍利子，必無之事，不可不知也。」匯帖，即匯刻帖。[32]

　　李瑞清在書法創作中，既重技法、學養，又勤奮思變，在長期學碑的基礎上，又廣泛涉獵帖學，臨摹宋人法帖，從而形成了具有獨特面目的以碑學為主、融碑納帖的金石書風。他的篆書源自鐘鼎文，大氣磅礴，縱逸流麗；隸書取法《禮器碑》，相容竹

---

**32** 崔爾平：《明清書法論文選》，上海書店出版社 1995 年版，第 1096 頁。以下所引李瑞清書論，凡未另注出處者，均據此書。

簡筆意，筆力清勁遒麗，氣勢放縱。他在博宗金石的基礎上，將篆籀婉曲勁健的筆法融入六朝碑誌，創作出既剛勁雄強又秀逸靈動的魏碑體書法作品。馬宗霍評價說：「清道人自負在大篆，而得名在北碑。余獨愛其仿宋四家，雖不形似，而神與之合。其行書尤得力於山谷，晚歲參以西陲木簡，益臻古茂。」**33**

李瑞清的書法代表作有《集鄭文公碑字聯》《贈鏡波仁兄聯》《致仲子仁兄五言聯》《致丹誠先生》《致子餘書軸》《終年經此書軸》《己未四月題跋》《跋淳化閣帖》《石濤古木叢筱圖跋》等。

《集鄭文公碑字聯》（圖 1-124），紙本，魏體楷書。刊於《民國書法》。內容為：「虛室絕塵想，清歌散新聲。」字形方正，結體緊密，筆劃凝重，金石味極濃。

《贈鏡波仁兄聯》（圖 1-125），紙本，行楷體。內容為：「誰說晚唐無妙詣，莫瞋倉頡不仙才。」書法楷中帶行，橫、撇、捺三畫筆勢放縱，結體內緊外鬆，豪氣逼人，顯然受到黃庭堅行書的影響。

《致仲子仁兄五言聯》，紙本，行書。刊於《民國時期書法》（上）。內容為：「奇韻扶墮石，秋月冷邊關。」筆劃拙硬恣肆，融入魏碑和黃庭堅的筆法，結體欹斜不正，近乎《爨寶子碑》，多種字體融為一體，可謂怪異多變，妙趣無窮。

五言聯「層巒松簦蓋，絕頂雲拂衣」，魏體楷書，取法於《鄭文公碑》和《張猛龍碑》，結體端嚴，筆力拙重，金石氣十

---

**33** 馬宗霍：《書林藻鑒》，文物出版社 1984 年版，第 247 頁。

▲ 圖 1-124　李瑞清
《集鄭文公碑字聯》

▲ 圖 1-125　李瑞清
《贈鏡波仁兄聯》

足。

　　五言聯「道德為原本，知識極誠明」，隸書，字形以方扁為主，筆勢凝重，佈局上不求整齊，上聯「為原本」三字呈長形，所占空間多；下聯「知識極誠明」五字均為左右結構，字形方扁，所占空間少。

▲ 圖 1-126　李瑞清五言聯

五言聯「金石長不朽，丹青本無雙」，行書，筆劃蒼勁，似古木枯藤，撇捺恣肆，結體內緊外放，墨色厚重，澀味頗濃。

五言聯「靜坐得幽趣，清遊快此生」，魏體楷書，結體略呈方扁，筆劃樸拙生辣，風格古雅。

五言聯「秋高風自疾，庭野月來幽」（圖 1-126），魏體楷書，取法《爨寶子碑》，筆劃方起方收，轉折處也是方折，棱角突出，字形不求方正，有刀削斧斬的效果。

八言聯「茂矣群生期於咸若，盛哉斯世是為大同」，魏體楷書，取法《張猛龍碑》，筆劃方起方收，轉折處以方折為主，字形方正，結體緊密，風格生辣狠重。

信札《致丹誠先生》（圖 1-127），紙本，行書。刊於《民國書法》。此信札中鋒運筆，點畫圓渾酣暢，章法自由隨意，力飽氣足，得顏真卿行書之精神。

《致子餘書軸》（又聞磁州），紙本，行草書。刊於《民國時期書法》（上）。此幅書於一九二〇年，內容為臨寫顏真卿《劉中使帖》的後半部分，用筆和結體均似顏書，但有些筆劃較瘦勁，不像顏書那樣粗壯圓渾。

《終年經此書軸》，紙本，草書。共四行。刊於《民國時期

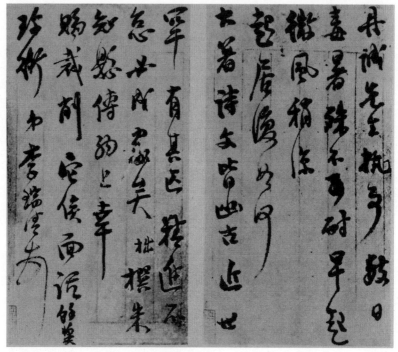

▲ 圖 1-127　李瑞清信札《致丹誠先生》

書法》（上）。此件書法立軸，融晉人草書的輕靈、黃庭堅草書的放縱與魏碑樸拙的線條為一體，用筆放縱而不輕滑，飛動的筆勢中兼有生辣拙趣，風神俊爽，氣度不凡，款字用魏碑體，顯得別具一格。

《己未四月題跋》（富貴也），紙本，行書。共十四行。刊於《民國時期書法》（上）。此跋書於一九一九年，用筆和結體均受唐人寫經的影響，兼有蘇軾行書的豐腴、黃庭堅行草的放縱，筆劃方圓兼備，結體行草相間，氣韻樸拙生動。

《跋淳化閣帖》（自來言），紙本，魏體楷書。刊於《日本書

道全集》（二十四）。此跋明顯受《張猛龍碑》影響，運筆艱澀遲緩，筆劃方折頓挫，結體緊密而略顯拘謹，中間偶爾穿插一些草書，也不自然。

《石濤古木叢筱圖跋》（清湘老人），紙本，行書。二十五行。縱二十九點五釐米。首都博物館藏。刊於《中國古代書畫圖目》（一）。此跋筆勢、結體近似黃庭堅行書，又融入了康有為行書的展放枯澀的筆意。運筆中鋒直下，豎畫上粗下細，時露鋒芒，結體中宮緊斂，四周疏朗。全篇筆力瘦勁，氣韻清雅。

## 二、李瑞清的書法理論觀點

在書法理論上，李瑞清也提出了自己的見解。

其一，主張學書要從篆書入手。他說：「書法雖小道，必從植其本始。學書從篆書入，猶為學之必從經始。」（《跋自臨散氏盤全文》）「鼎彝最貴分行布白、左右牝牡相得之致。」（《自臨毛公鼎屏風跋》）又說：「學書不學篆，猶文家不通經也，故學書必自通篆始。」（《玉梅花盦書斷》）「不通篆隸，而高談北碑者妄也。」（《節臨六朝碑跋》）他在《放大毛公鼎跋》中提出了「求分于石，求篆于金」的學書箴言，在《跋胡光煒金石蕃錦集》又進一步指出：「學魏碑者，必旁及造像；學漢分隸者，必旁及鏡銘磚瓦；學鼎鐘盤敦者，以大器立其體，以小器博其趣。」

其二，強調書家要有高尚的人品和深厚的學養。他在《玉梅花盦書斷》中說：「學書先貴立品，右軍人品高，故書入神品。決非胸懷卑污而書能佳，此可斷言者。學書尤貴多讀書，多讀書

則下筆自雅，故自古來學問家雖不善書，而其書有書卷氣。故書以氣味為第一。不然但成手技，不足貴矣。」《臨倪瓚〈與良常府判札〉》高度評價了元代倪瓚書法清雅脫俗的格調：「倪迂書冷逸荒率，不失晉人矩矱，有林下風，如詩中之有淵明，然非肉食人所解也。」《臨八大山人〈黃庭經〉》稱讚八大山人：「其志芳潔，故其書高逸，如其人也。」（《玉梅花盦臨古帖各跋》）

其三，對魏晉南北朝、唐、宋三個歷史時期的碑帖和書家尤其重視，有許多真知灼見，表現出鮮明的書法史觀。其《跋曾農髯夏承碑臨本》云：「有晉王逸少世所號書聖者也，王師鍾繇，鍾實出中郎，是中郎為書學祖。」認為東漢蔡邕的書法是魏晉鍾繇、王羲之書法之祖。《臨鍾繇〈戎路帖〉》：「《宣示》《力命》平實微帶隸意，皆右軍所臨也，無從窺太傅筆意。惟此表可求太傅『隼尾波』。」《臨晉武帝〈省啟帖〉》：「以齊篆作草，寬博遒古，懷素《自敘》出此。」（《玉梅花盦臨古帖各跋》）

關於王羲之、王獻之父子的草書，李瑞清從書法史的角度進行了分析，認為「二王」書風到唐代分別被不同的書家所承傳。王羲之的草書下開唐代孫過庭和元代趙孟頫的小草，王獻之的草書源自篆書，直接影響到唐代懷素的狂草，進而影響到明清時期的狂草。《臨右軍帖》：「世之言草書者稱二王，實大令支流耳。大王法，孫過庭後惟趙子昂略涉其藩，世傳但素師派也。」《臨大令〈送梨帖〉》：「大令草出於篆，然其縱者已開唐派。」（《玉梅花盦臨古帖各跋》）《臨〈淳化·古法帖〉》：「世所傳草書，自明以來，皆素師派耳。其原出大令，及仿者為之，則粗獷而狂怪。」（《玉梅花盦臨古帖各跋》）《跋裴伯謙藏定武蘭亭序》：「逮

懷仁集《聖教》，遂開米老以帖為碑之漸。自元趙子昂後，未有能書碑者，則又帖學之蔽也。」《臨鮮于伯機〈亂泉飛下詩帖〉》：「困學齋草法兼素師以窺大令，吳興則專右軍法矣。」（《玉梅花盦臨古帖各跋》）

關於南北朝的碑刻的特點和影響，李瑞清進行了精細的探討。《跋朱丙君藏張猛龍碑》：「《猛龍》筆法險峭，文章亦爾雅」，「下開歐陽率更」。《節臨六朝碑跋》：「新得宋拓《張猛龍碑》，用筆堅實可屈鐵，《景君》之遺也。下開率更。」《陶齋尚書藏瘞鶴銘跋》：「《鶴銘》為篆宗，《爨寶》字為隸宗，《鄭文公》為篆隸合宗。此本用墨古厚，六朝秘妙全露紙上，納篆入真，幾欲上淩《石門》矣，尤可寶也。」認為《瘞鶴銘》的筆劃特點是「納篆入真」，透露了六朝書法的「秘妙」。《跋自臨爨龍顏碑》概括《爨龍顏碑》的特點是：「運方易滯，而風骨欲飛；勢峻乖和，而神理仍逸。」《跋自作擘窠書聯》對《泰山經石峪》極為推崇，認為：「從來作擘窠書者，無如《泰山經石峪》，渾樸淵穆，冠絕古今。」《跋自臨黑女志》認為：「《黑女志》道厚精古，北碑中之全以神味勝者，由《曹全碑》一派出也。」《匡喆刻經頌九跋》認為：「六朝書有士大夫，有經生書。如《雲峰山》《張猛龍》《黑女志》之類，皆士大夫書也；《文殊》《經石峪》及此，皆經生書也。造像諸體最多，當作經生書，然其中實有士大夫書。如《始平公》《李洪演》之類。」「六朝道書多出士大夫之手，佛書則皆出經生。」他在《玉梅花盦書斷》中認為阮元《南帖北碑論》「以南北分宗，其論甚辨，然究不確」，他說：「南碑有《寶子》《龍顏》，北碑有《敬使君》《張黑女》《李洪演造像》，何也？

大約古人碑帖分途，簡書尚妍雅，碑誌尚古樸。」「大約漢、魏至唐，無不重視碑。南朝士大夫雅尚清談，揮麈風流，形諸簡札，此帖學之萌芽也。」認為碑帖各有其用途，因而形成不同的風格。碑刻於石，崇尚古樸；帖用於簡札，崇尚妍雅。

關於唐五代書法，李瑞清充分肯定了顏真卿、楊凝式在書風轉變過程中的重要作用。《臨顏魯公〈告身〉〈陰寒〉等帖》：「宋以來書家，無不師魯公者，此書道一大關鍵。」（《玉梅花盦臨古帖各跋》）《跋錢南園大楷冊》：「自來學顏書者，君謨從《中興頌》以窺筆法，欲以和婉變其面貌耳。坡公則全師《東方先生畫像贊》，米老則學《放生池碑》，故魯公當宋之時，幾欲祧右軍矣。趙吳興目無宋人，意在上追晉賢，余曾見其所書《太湖石贊》，意在仿魯公《蔡明遠帖》。董華亭為有明以來一大宗，執牛耳將三百年，雖高言二王，實由《多寶塔》得筆，從楊少師以窺《蘭亭》，然以陰柔學魯公，其與君謨同也。南園侍御當乾隆時，朝廷重董書，士大夫莫不人人淡墨渴筆稱華亭矣。侍御獨能於舉世所不好之時，上學魯公，即此可想見其獨立不阿之概。至其書初學《告身》以得其筆法，後於魯公諸碑靡不備究，晚更參以褚法。此冊乃其至經意之作，非宋以來之學魯公者所可及。能以陽剛學魯公，千古一人而已。豈以其氣同耶？」《臨楊凝式〈韭花帖〉》：「楊景度為由唐入宋一大樞紐。此書筆筆斂鋒入紙，《蘭亭》法也。思翁以景度津逮平原，化其頓挫之跡，然終身不出範圍。」認為楊凝式書法遠承《蘭亭序》，是由唐入宋的一大樞紐，董其昌以楊凝式為津梁，上追顏真卿，化頓挫之跡為柔和之美。

關於宋代書法，李瑞清客觀地評析了宋代「帖學大行」的風氣和「宋四家」的長短優劣，認為「宋四家」中，蔡襄能作碑但不能變化，蘇軾書碑欠莊重，黃庭堅不能書碑，米芾以行草書碑是碑學中的野狐禪。《跋宋拓淳化閣帖》：「自來言匯帖者，莫不祖《淳化》，《大觀》《絳州》《潭州》皆其苗裔也。」《玉梅花盦書斷》：「自宋以來，帖學大行而碑學微，故宋四家只蔡君謨能作碑。蔡本學魯公，只學顏陰柔一種，而不能變化，故書碑尚不出範圍。至東坡之雄偉，書碑則嫌欠莊重，不免縱橫習氣。坡翁書碑，學魯公《東方畫像贊》，惜稍縱橫耳。」《臨東坡〈洞庭春色賦〉》：「此學王僧虔而變其跡也。」（《玉梅花盦臨古帖各跋》）《臨黃山谷〈題幾〉〈書闍〉及〈發願〉三帖》：「魯直此書，無一筆不自空中蕩漾而又沉著痛快，可以上悟漢、晉，下開元、明。」（《玉梅花盦臨古帖各跋》）《玉梅花盦書斷》：「山谷全是縱橫習氣，本不能書碑也。」《米南宮多景樓詩墨蹟跋》：「襄陽書初本學顏，後學褚河南，上窺晉賢筆法。無筆不轉，無往不收。此冊為其四十許為潤州學教授時所書，沉鬱雄肆，轉換使毫皆以頓挫，轉換不用折帶，空靈之筆時露顏法，與其晚年書小異耳。」《臨米南宮〈大行皇太后挽詞〉等》：「米老由『得勢』二語悟書法。學米者亦當知此。」《玉梅花盦書斷》：「米南宮為有宋大家，而以行草書碑，此則碑學之野狐禪也。」

## 三、李瑞清書法的影響

　　李瑞清的學書道路、書法創作和書學思想既反映了當時的尚碑書風，又有別於當時其他的碑學大師。他不像吳昌碩那樣尚碑

而拒帖，也不像康有為那樣一味崇尚北魏碑刻而貶抑唐碑，而是主張「南北雖為殊途，碑帖理宜並究。短札、長簡宜法南朝，殿榜、巨碑宜遵北派」（《跋裴伯謙藏定武蘭亭序》）。作為一代宗師，李瑞清學高、藝高、人品高。他提出的「求分於石，求篆於金」（《放大毛公鼎跋》）的學書箴言，日後成為由他開創的書法流派脈系的書學宗旨，歷經幾代人奉行不違。他的入室弟子都成為學界名流，例如著名學者、書法家胡小石，著名國畫家、書法家呂鳳子、張大千等，雖不同科，但都是兩江師範學堂畢業生，先後又成了李氏的入室弟子；李健原是李氏的侄子，朝夕相處，所學更多，後成為著名的書畫家、美術理論家，被稱為「李氏書風」的衣缽傳人。尤其是胡小石、李健二人都撰寫了中國書法史著作和論文。一九三四年，金陵大學國學研究生班請胡小石講授書學史，離李瑞清去世已十餘年，可見「李派書法」聲譽之高，在高等學府影響之大。僅胡小石本人的書法弟子就有吳白匋、遊壽、台靜農、侯鏡昶等幾輩人。「李派書法」在教育界一代又一代地承傳和發展，成為一條流動的、充滿生機活力的藝術河流，餘風所及，直至當代，恰好是書法藝術從文人餘事走向學科化、體系化的有力證明。**34**

---

**34** 《民國書法史》，第 274 頁。

## 第五節 ▶ 陶博吾書法的獨特風格

　　陶博吾（1900-1996），原名陶文，字博吾，別署白湖散人，江西彭澤人。一九二六年考入南京美術專科學校，一九二九年考入上海昌明美術專科學校。抗戰時逃亡江西，後任教樟樹中學。新中國成立後，居南昌，一度為中學教員。文革蒙禍，一九八〇年平反。晚年創作豐收。著有《石鼓文集聯》《習篆一徑》《陶博吾書畫集》等。陶博吾是中國當代詩、書、畫藝術大家，尤其他的書法，被列入二十世紀一百年間最傑出的二十位中國書法家之一。

　　藝術家的天職在於抒寫自我的性情、學養，展現自我對人生、社會、宇宙的觀照，創造意蘊深厚、個性鮮明的藝術作品。我們評價一位藝術家，不僅要看他表現了怎樣的情懷，而且要看他創造了怎樣的審美範式。

　　陶博吾先生與世紀同齡，在漫長的人生道路上，他不慕榮利，潛心翰墨，在詩、書、畫的天地中默默耕耘，自由徜徉。他的詩具有陶淵明的閑淡、杜子美的深沉和蘇東坡的超邁；他的畫多取材於山林荒野和日常所見的花鳥蔬果，線條簡練狠重，形象誇張怪異，雖出自吳昌碩而又能跳出吳氏的藩籬；他的書法則以醜怪的結體、生拙的筆劃、厚重的氣韻、高古的情調，在當代書壇上獨樹一幟，猶如孤花傲俏，危峰聳立。他在八十高齡時，書名尚「不出閭里」，到九十高齡時，「聲名鵲起，藝術成就贏得海內異口同聲的稱讚」。[35]因此，在人們心目中，他是一位大器

上篇·江西書法

---

**35** 王兆榮：《百年孤獨——陶博吾和他的詩書畫》，《中國書法》，1993年第4期。

晚成、風格獨特、成就卓著的書法巨匠，他的書名遠勝於他的詩名、畫名，他那孤獨奮進的書法歷程給我們留下了許多值得深思的問題。

## 一、陶博吾書法的突出特徵：形畫醜拙

陶博吾先生在八十四歲時自撰一聯雲：「書如枯葛形尤醜，詩比村醪味更酸。」[36]（圖1-128）這副對聯可視為陶氏的自我評價。他自稱書法筆枯形醜，詩歌質樸無華。形畫醜拙，的確是陶氏書法最明顯的特徵。

「醜」，作為一個美學範疇，通常用於指人或物外在形貌的醜陋、難看，它與「美」是相對立的。中國是一個重視倫理道德的文明古國，因此，在中國美學史

▲ 圖1-128　陶博吾七言聯

---

36 陶博吾：《書風》，重慶出版社1999年版，第23頁。以下所引陶氏對聯、詩句，均據此本。

上，「美」往往與「善」連在一起，「醜」則往往與「惡」連在一起，構成兩種帶有濃重的倫理道德色彩的審美評價。其實，「美」與「醜」是兩種不同的審美形態評價，「善」與「惡」則屬於兩種相互對立的倫理道德評價。當「美」與「醜」這兩個範疇獨立使用時，完全屬於審美形態的評價，不帶有倫理道德色彩。進一步說，「醜」與「美」的對立在中國古代美學家們的眼中，並非那麼絕對，那麼嚴重。他們認為，無論自然物還是藝術品，最重要的不在「美」或「醜」，而在要有「生意」，要表現宇宙「一氣運化」的生命力。有了這生意或生命力，腐朽可以化作神奇，醜的也能成為美的，甚至越醜越美，越醜越能得到人們的賞愛。正如劉熙載《藝概·書概》所云：「怪石以醜為美，醜到極處，便是美到極處。一醜字中丘壑未易盡言。」鄭板橋《題畫》中強調，醜石之所以「陋劣之中有至好」，在於「一塊元氣結而石成」，它體現了宇宙元氣運化的生命力。而醜石之美的具體表現，就在它那由瘦、皺、漏、透構成的「千態萬狀」，或曰「醜而雄」「醜而秀」。[37]

在中國書法史上，「形美」的書法作品一直是主流大宗，「形醜」的書法作品則始終是支流別派。北朝大量的墓誌銘和造像記、元代的楊維楨、明代的陳獻章、清代的金農等，可視為古代「形醜」書法的代表。歷史進入二十世紀，康有為在理論上揚碑

---

**37** 成復旺主編：《中國美學範疇辭典》，中國人民大學出版社 1995 年版，第 190 頁。

抑帖，把碑學推向極峰。吳昌碩則以創作實績使「石鼓」書風再現輝煌，他所臨的《石鼓文》和所寫的行草書，已略露以醜拙為美的端倪，可視為陶博吾先生「形醜」書體的真正源頭。

集散氏盤文字聯我們講陶書「形醜」，完全是從審美形態評價的角度出發，肯定其書法的個性特徵，絕無貶義。陶書「形醜」具體表現在哪些方面呢？我們不妨以他的大篆和行書的結體為例做些分析。他的大篆主要取法於《石鼓文》和《散氏盤》，代表作有《石鼓文集聯》《散氏盤銘文集聯》等。他所書的石鼓文體，師承吳昌碩而又自具新意。

吳昌碩所臨《石鼓文》，結體內鬆外緊，渾樸大方，線條婉曲豐腴。陶博吾的《石鼓文集聯》，結體內緊外鬆，左低右高呈欹側之勢，筆劃枯瘦老硬，無豐腴之態。如果說吳昌碩一變戰國《石鼓文》的整飭停勻而為貌拙氣酣的昌碩《石鼓》，那麼陶博吾則進而變貌拙氣酣的昌碩《石鼓》而為形側貌醜的博吾《石鼓》。如集石鼓文字聯「魚處深淵鳥鳴古樹，虎奔北郭鹿走西原」。其《散氏盤銘文集聯》則在精研西周《散氏盤》銘文字形結構的基礎上，運用誇張、解體、變形等多種方法，給這一古老的書

▲ 圖 1-129　陶博吾

體注入新的生機活力。你看他所寫的散氏盤體，字形左敧右側，歪斜扭曲，線條粗放，墨色濃重，表現出深厚的功底、驚人的膽識和自由創造的藝術精神。如集散氏盤文字聯「邊土右師舍，城東宰相田」（圖 1-129）。他創作的許多行書對聯，在字形的組合上，或左低右高，比例失調；或上大下小，輕重倒置；或整體歪斜，似倒非倒，無不帶有幾分殘缺醜陋的意態，給人以奇崛、新異之感。如行書聯「少讀詩書減苦惱，多栽瓜果添收成」。

在書法創作中，結體與筆劃向來是相輔相成、密不可分的。陶博吾先生書法在結體上以「醜」為美，在筆劃上自然以「拙」為主。

談到「拙」，必然要涉及「巧」。「拙」與「巧」是對立而統一的兩種審美形態，拙指自然素樸之美，巧指人工修飾之美。中國古代美學認為，巧則甜媚，拙則古莽；巧則陳腐，拙則新奇；巧則俚俗，拙則雅致。以巧入巧，終不入巧；以拙求巧，方得大巧。拙可以矯正人工巧造之弊，所以古代的書畫家們都崇拙而抑巧，提倡寧拙毋巧。在書法中，黃庭堅提出：「凡書要拙多於巧，近世少年作字，如新婦子妝梳，百種點綴，終無烈婦態也。」[38]董其昌《畫禪室隨筆・畫訣》提出「字須熟後生」，即熟外求生，拙中見秀。傅山則宣稱：「寧拙毋巧，寧醜毋媚，寧支離毋輕滑，寧真率無安排。」[39]如果說「巧」的特色是華麗、

**38** 《李致堯乞書書卷後》，轉引自水賚佑編《黃庭堅書法史料集》，上海書畫出版社 1993 年版，第 67 頁。

**39** 《作字示兒孫》自注，轉引自王鎮遠《中國書法理論史》，黃山書社1990 年版，第 441 頁。

輕滑、柔媚，那麼「拙」的特色則是枯瘦、艱澀、生辣。

　　披覽陶博吾先生的書法作品，無論大篆還是行草，無論對聯還是冊頁，其筆劃均顯示出粗樸、生澀、古拙的特點。在他的筆下，幾乎看不到輕若蟬翼、細若柳絲的線條，能見到的只是骨鯁有力、蒼莽雄渾、宛若枯葛的粗筆濃墨。他在長期的錘煉中，逐漸形成了富有個性的筆劃形態，以他所寫的行書對聯為例，其橫畫多短而粗，或左低右高，或中間略往上拱起，顯得凝重含蓄；其豎畫起筆處多彎曲，中段向左呈弧形，收筆處稍直，筆勢內藏，給人以引氣向內、藏巧於拙的美感；其撇畫多粗直而無弧度，收尾處或方而露，或圓而藏，顯得突出、刺目；其捺畫多寫成短弧線，收尾處略帶鋒尖，雖有一定的彎曲，卻無粗細變化，這種圓勁婉曲的筆劃無疑來自篆書，給人以飽滿拙重之感。他筆下的橫、豎、撇、捺四個主要筆劃，古拙生澀，似老犁耕田，與上述醜陋的結體相配合，自然構成陶氏書法特有的形態。如行書對聯「路不拾遺夜不閉戶，朝有賢宰野有高人」。在書法創作中，書家為了創造富有個性色彩的筆墨線條，往往要竭盡畢生精力，在廣臨碑帖的基礎上，爭此一筆或數筆，陶氏自然也不例外，可見書法創新多麼艱難！

## 二、陶博吾書法的內在精神：氣韻厚重

　　陶博吾先生的書法不僅具有形畫醜拙的外在形態，而且具有氣韻厚重的內在精神。這後者是陶書的高妙之處，也是陶書與當今流行體「醜書」的不同之處。當今書壇流行的「醜書」，筆劃粗率，結體變形，佈局散亂，形態上雖有新異之處，但由於創作

主體缺乏深厚的學養、淡泊的胸襟，因此難免流於狂怪粗野，格調卑下，俗氣滿紙。

陶氏的書法墨蹟，無論尺幅大小，也無論何種字體，均不拘小節，在醜拙的形貌中蘊藏著厚重蒼古的氣韻，絕無氣弱之弊和媚俗之態。他的字無論是懸掛在牆上，還是擱置在几案上，均充滿一種凜然不可侵犯的震懾力。欣賞他的書法作品，猶如面對一位靜穆高古的飽學之士，使人產生距離感和敬畏之情。

何謂「厚重」？「厚」是指有深度，「重」喻指有力度，合而言之，就是既深遠博大，又雄強有力。在中國古代美學中，崇尚厚重審美趣味的形成與儒家溫柔敦厚的美學觀念有關，同時又受到道家「以大為美」傳統美學思想的影響，莊子推崇天地之大美，孟子提倡充實以為美，厚重是在這兩種思想孕育中形成的。

陶博吾先生書法中「氣韻厚重」這一特徵，得益於他從小所受到的良好教育、坎坷的人生磨難和高曠的思想境界。

他六歲入私塾，十歲通音律，十四歲時與彭澤縣五位老先生組建「六雅堂詩社」。一九二五年考入南京美專，從沈溪橋、梁公約、謝公展諸先生學習書畫。一九二九年又以優異成績考入為弘揚吳昌碩藝術而創辦的上海昌明藝專，師從王一亭、黃賓虹、潘天壽、諸聞韻等先生學習書畫，跟隨前清翰林曹拙巢老夫子學習詩詞。這些名師精妙的技藝、高尚的人格，對陶氏一生有著深遠的影響。他一生最崇拜的是吳昌碩先生，進上海昌明藝專時，吳氏已仙逝兩年。他雖然未能受到吳氏親自教誨，但他對吳氏的人品、學養、書風一直頂禮膜拜。他對《石鼓文》《散氏盤》兩種古老書體的鍾愛和追摹，無疑受到了吳氏的影響。幾十年後，

吳昌碩的《缶廬集》問世，其長子吳東邁把《缶廬集》寄贈給陶氏，陶氏愛不釋手，作《答吳東邁夫子贈缶廬集》長詩一首，雲：「缶翁生性自孤岅，缶翁之氣更鬱勃。詩卷長留天地間，曠逸縱橫有奇骨。嗟余讀書生苦晚，仰止之誠空欵欵。遺集寄我千里來，開卷窗前春風滿。人生何事日相逐，秋月春花易反復。但願天地長清肅，白雲四圍三間屋，修竹林中日日讀。」此詩盛讚昌碩大師孤岅之性、鬱勃之氣、曠逸縱橫之才和風清骨峻的詩書畫風格，表現了對大師的由衷敬仰。從形式上看，此詩屬七言歌行體，三換其韻，語言跌宕，豪氣縱橫，頗近蘇東坡體，陶氏的詩才於此可見一斑。

　　一九三一年，陶氏從昌明藝專畢業後，有感於時局動盪，世態炎涼，毅然放棄在大上海求職的機遇，隻身回彭澤故里，築「吾園」書屋三間，與孤松修竹為伴，以教書養家糊口。閒暇時臨摹古帖，吟詩作畫，以文會友。其《山居遣興》詩云：「數篇襄陽句，攜此入山遊。開卷一長嘯，松風萬壑秋。斜陽依山沒，暮靄逐人浮。夜色歸途寂，蒼蒼月滿樓。」《山居圖》云：「山居何所有，草草三間屋。開窗對孤松，出門看修竹。園裡菜正肥，壺中酒亦熟。食罷無人問，呼兒挑燈讀。」這些詩句描繪了鄉村寧靜、清幽的景色，表現了閒適、恬淡的心境，頗有陶淵明、孟浩然的情調。他本想像先祖陶淵明那樣，過著歸隱田園的閒適生活。但好景不長，一九三七年抗日戰爭爆發後，他開始過著顛沛流離的生活，目睹山河破碎、生靈塗炭的悲慘現實，他仰天長嘯，悲歌慷慨，寫下了《棄兒行》等憂國憂民的詩篇。十年「文革」期間，他被打成「反革命」，挨批挨鬥，蒙冤受屈，家

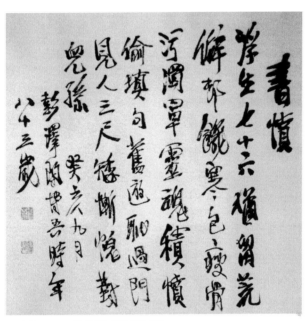

▲ 圖1-130　陶博吾《書憤》詩

藏的書畫文物被洗劫一空，人格受到極大的摧殘、侮辱，他悲憤交織，抑鬱難伸。正如其《書憤》詩所云：「浮生七十六，猶留荒僻村。饑寒包瘦骨，汙濁罩靈魂。積憤偷填句，舊遊恥過門。見人三尺矮，慚愧對兒孫。」（圖1-130）從八年抗戰到十年「文革」，是陶氏一生中最苦難、最屈辱的歲月，這坎坷而漫長的人生歷程，一方面使他的桃源夢想徹底破滅，另一方面又使他的性格更加孤傲，意志更加頑強。他的詩變得像杜甫那樣憤世嫉俗，深沉悲苦。他的書法自然也融入了人世滄桑的感慨和奇崛傲峭的個性。

　　凡是藝術家，都有屬於他自己的思想靈魂。陶博吾先生年輕

時就已表現出任性逍遙的豪情和縱情山水的逸興。他在二十五歲任小學教師時，曾撰長聯云：「曲徑入雙峰看翠竹清幽濁酒何妨邀月飲，閑遊逢九日痛塵寰漂渺黃花須插滿頭歸。」六十年後，當他八十五歲時重書此聯，便在題款中頗有感慨地寫道：「今已六十年矣，青年豪興不可再得，偶爾書之，感歎如何。」的確，經歷八年抗戰、十年「文革」兩次劫難之後，陶氏的思想已由絢爛之極而歸於平淡，表現出超凡脫俗、返璞歸真的思想傾向。他八十歲所書的自壽聯：「養性莫如居靜寂，頤年最好是糊塗。」其含義頗似鄭板橋「難得糊塗」的格言，自慰之中帶有對世態炎涼的感慨。八十三歲所書聯云：「閑鷗清趣，野老生涯。」這是他晚年生活和心境的寫照。八十五歲所書聯云：「養浩然正氣，師羲皇上人。」上聯出自《孟子·公孫丑上》，下聯出自陶淵明《與子儼等疏》，表明他對修身養性的重視，他既養成了至大至剛的精神力量，又傾慕太古時代那種淳樸自由的生活，熔儒雅與素樸於一爐，這是他在飽經憂患、歷盡艱辛之後所達到的高曠的思想境界。有了這樣高曠的思想境界，他在書法藝術的天地中自然就能無拘無束，信筆揮灑，不求工而自工，不求高古而自然高古。

劉熙載《藝概·書概》說：「書，如也。如其學，如其才，如其志，總之曰如其人而已。」在陶博吾先生的書法創作中，其書與其人的確是統一的。王兆榮先生在評述陶氏的書畫藝術時，盛讚道：「他無功名利祿之累，無毀譽與否傷神，亦無俗務纏身，從不為作品能否展出、發表獲獎而去苦惱；至於有人賞識，無人賞識，對他來講都無關緊要，要緊的是他自己是否滿意。他

作書從不寫別人的句子，作畫從不題別人的詩文，得意也好，失意也好，皆自作詩文聊以發抒。先生學養如此深厚，心胸如此寬闊，才情如此高昂，格局如此宏大，風骨又如此峭異，這絕非一般輕薄浮誇、沽名釣譽之輩所能望其項背的。」[40]陶博吾先生已走完了苦辣酸甜的一生，他為我們留下了寶貴的詩、書、畫作品，創造了醜拙厚重的書法審美範式，他胸襟高曠，學養深厚，書風獨特，才情不凡，不愧為一代名書法巨匠。

## 第六節 ▶ 清代及近代在江西為官的外省籍書法家

　　清代在江西為官的外省籍書法家有笪重光、胡寶瑔、周之恒、吳之黼、朱次琦、陳璞、趙之謙、李文田；近代有狄葆賢。

　　**笪重光**（1623-1692），字在辛，號君宜，又號蟾光、逸叟、江上外史、鬱岡掃葉道人，晚年居茅山學道改名傳光、蟾光，亦署逸光，號奉真、始青道人，江蘇句容人，一作江蘇丹徒人。順治九年（1652）進士，任御史。為人剛正，敢於直言。順治十二年奉派到江西巡按，對江西分巡湖東道僉事李嘉猷貪酷不法，嚴詞參劾。因李嘉猷在朝中有權貴明珠作後臺，笪重光反被革職，後被判刑收贖，「永不敘用」。罷官歸鄉後，隱居茅山之麓，學導引，讀丹書，潛心於道教。著有《書筏》《畫筌》。《清史稿》卷二百八十二有傳。

---

40 王兆榮：《百年孤獨——陶博吾和他的詩書畫》，《中國書法》，1993 年第 4 期。

　　笪重光書、畫名重一時，精古文辭。書法師承蘇軾、米芾，筆意超逸，與姜宸英、汪士、何焯稱四大家。山水得南徐氣象，其高情逸趣，橫溢毫端。兼寫蘭竹，精鑒賞。傳世作品有順治十七年作《松溪清話圖》，圖錄於《神州國光集》；康熙二十五年（1686）作《柳陰釣船圖》軸，藏日本大阪市立美術館。《秋雨孤舟圖》及《行書七律詩軸》，均藏北京故宮博物院。小楷《嘉州集》一冊，錄五言律二十四首。所著《書筏》《畫筌》，王翬、惲壽平做評注，曲盡精微，有裨後學。清王文治為《書筏》作跋雲：「此卷為笪書中無上妙品，其論書深入三昧處，直與孫虔禮先後並傳，《筆陣圖》不足數也。」推崇備至。吳修《昭代尺牘小傳》評笪重光書曰：「書出入蘇、米，其縱行書五言聯逸之致，王夢樓（王文治）最所稱服。」秦祖永《桐陰論畫》曰：「在辛書法眉山，筆意超逸名貴，與姜西溟（宸英）、汪退穀（士）、何義門（焯）齊名，稱四大家。」王文治《快雨堂題跋》稱笪重光：「上至章草，下至蘇、米，靡所不學，小楷法度尤嚴，純以唐法運魏、晉超妙之至，駸駸登鍾傅（鍾繇）之堂。」笪重光傳世書法墨蹟有行書《宿山寺詩軸》（日本京都國立博物館藏）；行書《七絕詩軸》（鶴氅斜披），刊於《神州國光集》（十六）；行書《五律詩軸》（勝地風煙外），刊於日本《明清書道圖說》；行書七言聯「天祐厥德俾爾壽，造家克儉正惟仁」；行書五言聯「竹室依花檻，松雲護草堂」（圖 1-131）；行書五言聯「明淨致清福，慷慨有奇思」，「拙因知事少，老悔讀書遲」等。這些作品筆劃圓轉飽滿，結體活潑跳蕩，氣勢豪邁，深得蘇軾行書的雄健和米芾行書的飛動之勢。

竹室俟花檻
松雲護草堂
已酉仲春笪重光□□

▲ 圖1-131　笪重光

胡寶瑔（1694-1763），字泰舒，號飴齋，晚號瓶庵，安徽歙縣方塘人。雍正元年（1723）舉人。乾隆二年（1737）考授內閣中書，任軍機處章京。八年升侍讀，考選為福建道御史。乾隆十一年後歷任戶部給事中、順天府丞、府尹、宗人府丞、左副都御史、兵部侍郎兼府尹等。乾隆十七年任山西巡撫，二十年任江西巡撫，二十二年調任河南巡撫，二十三年晉為太子少傅，二十七年以疾退職。卒，加太子太保、兵部尚書，諡恪靖。《清史稿》卷三百八有傳。清陳浩《生香書屋集》評胡寶瑔：「其才閎肆而精博，於制藝、詩、古文辭、篆、隸、行、草諸藝事無所不工，尤究心當世之務。」

周之恒（生卒年不詳），字月如，山東臨清人，移家江蘇江浦。官江西參政。能詩、善山水。清張庚《國朝畫征錄》稱他「工八分書」，朱彝尊《曝書亭集》有贈周參政之恒詩曰：「春晴風日官齋迥，翰墨於今數公等。畫品真同顧愷工，隸書遙見鍾繇並。」

吳之黼（生卒年不詳），字竹屏，江蘇江都人。官江西按察

使。清李斗《揚州畫舫錄》載，吳之黼喜收藏金石，善畫山水蘭竹，工書法。蔣寶齡《墨林今話》曰：「竹屏工書法。」

**陳璞**（1820-1887），字子瑜，號古樵，晚號息翁，又號尺岡歸樵。道光二十四年（1844）舉人，一作咸豐元年（1851）舉人，官江西安福知縣。後為學海堂學長數十年。工詩書畫，又精金石考訂。刻印師法漢人，書法師承米芾、董其昌，皆得其妙。畫蒼渾秀潤，法黃公望、董源，亦間效石濤，殊自矜重，不輕涉筆。粵人把他與黎簡、謝蘭生並推為「畫家三傑」。有《尺岡草堂遺詩》。

**趙之謙**（1829-1884），初字益甫，號冷君；後改字叔，號鐵三、憨寮，又號悲庵、無悶、梅庵等，所居曰二金蝶堂、苦兼室，浙江紹興人。據鄒濤《趙之謙年譜》載，趙之謙二十一歲考取秀才。二十二歲入繆梓幕府。二十四歲，鄉試未第。二十六歲，隨繆梓到杭州。三十二歲至三十四歲，先後客居溫州、福州，經上海至天津，再由天津到北京。自三十五歲至四十四歲，往來於北京、杭州、紹興三地，先後共三次入京，四次參加禮部考試，均未能考中進士。四十四歲以國史館謄錄議敘知縣分發江西，此後再也沒有入京。四十五歲至四十九歲，客居南昌，擔任《江西通志》總編。五十歲任鄱陽知縣。五十三歲遷奉新知縣。五十五歲客南昌。五十六歲調任南城知縣，因患肺氣腫哮喘病，卒於任上。

趙之謙工詩文，擅書法、繪畫、篆刻，是晚清藝壇上將詩、書、畫、印有機結合的全能大師。著有《悲盦居士文》《悲盦居士詩》《勇廬閑詰》《補寰宇訪碑錄》《六朝別字記》，其印有《二

金蝶堂印譜》。

　　趙之謙的學書道路是：二十歲前，學顏真卿《家廟碑》，日五百字。三十二歲客居溫州後，傾心六朝古刻，尤其是得《鄭文公碑》。三十五歲入京後，逐步地放棄了顏體而轉向了北魏書法。他的篆書，最初源自鄧石如、吳讓之，其次受同事胡澍的影響，他能師法鄧石如而不死守鄧法，而是化鄧法為己用。他對於隸書涉獵很廣，從三十五歲至五十歲以後，作品中皆有臨漢碑者，先後臨書有《石門頌》《樊敏碑》《三公山神碑》《劉熊碑》《封龍山碑》《武榮碑》《魏元平碑》《成陽靈台碑》，等等。他從顏楷入手，轉學魏碑，又由鄧石如篆書而上溯漢碑，最終形成自家面貌。他晚年所寫的正書、篆書作品，沉穩老辣，古樸茂實。筆法則在篆書與正書之間，中鋒為主，兼用側鋒。行筆則方圓結合，寓圓於方。結體扁方，外緊內鬆，寬博自然。平整之中略取右傾之勢，奇正相生。趙之謙作品最多、傳世最廣的是行書。三十五歲前作品多行書，皆源自顏體，細審之，與何紹基似同出一轍，溫文爾雅，雄渾而灑脫。三十六歲至三十七歲，開始改變這種顏體行書，而以北碑法試作行書，將北魏書筆法直接運用到行書之中，卷鋒加側鋒轉換為中鋒，很難於連貫，因而行筆多牽強之處，轉折不自然，筆力亦靡弱，他自己認為存在「起迄不乾淨」（《致魏稼孫函》）的毛病。到四十歲前後，他獨創的帶有魏碑風神的行書自然老到而全然無生硬之處，雖筆力還不夠渾厚，但行筆已無不暢。四十五歲以後，心手雙暢，隨心所欲，揮灑自如。五十歲之後，趙之謙的各種書體均已達到了「人書俱老」的境界，在他晚年的作品中，行書占了八九成，是其作品之

重心。

　　趙之謙不同時期的書法代表作品有以下幾種：

　　行書八言聯「老氣自和長日生倦，古曲激靜遊絲放春」，三十四歲書。筆劃圓渾舒展，結體較寬鬆，在顏體基礎上融入了一點點魏碑的方折筆意，又帶有王羲之行書的秀潤，尚未形成自己的風格。

　　魏碑體對聯「三辰既朗遇慈父，兩金相刻冰神鋒」（圖1-132），四十歲書。筆劃方起尖收，橫豎粗細一致，下筆狠重，結體方正緊密，刻意追求魏碑的氣骨。

　　篆書七言聯「別有狂言謝時望，但開風氣不為師」（圖1-133），四十二歲書。此聯書法師法鄧石如，融隸入篆，筆劃起處呈方形，收處帶尖鋒，線條圓暢中兼有凝重，結體上密下疏，穩健而舒展。

　　草書八言聯「比岳家軍從天而降，如黃河水導海以歸」（圖1-134），四十四歲書。此聯以魏碑筆法作行草，筆劃生辣艱澀，枯筆較多，氣韻樸拙凝重。

▲ 圖1-132　趙之謙　魏碑體對聯

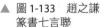

▲ 圖1-133　趙之謙
　篆書七言聯

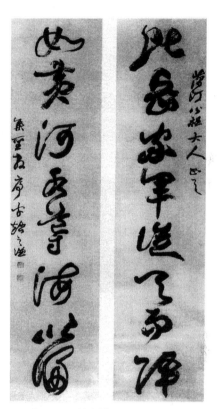

▲ 圖1-134　趙之謙
　草書八言聯

　　行書《官鄱陽縣時公文》（圖1-135），五十一歲書。此公文率意而成，筆劃方中帶圓，結體斜正相依，自然生動，章法一氣呵成，無絲毫做作，是難得的妙品。

　　魏碑體為潘祖蔭書四言聯「勤攻吾短，靡恃己長」，五十三歲書。筆力老辣厚重，結體穩健大方，氣勢雄強，個人風格十分明顯。

　　《為董覺軒臨魏碑》，五十五歲書。從此幅作品可知，趙之

謙晚年還堅持臨習魏碑，而在用筆和結體上都有自己的追求，用筆古拙中見率意，結體謹嚴中顯疏朗。

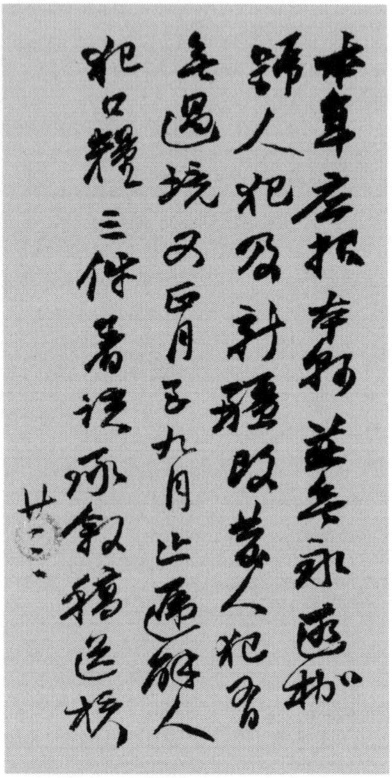

　　趙之謙在繪畫方面擅人物、山水、尤工花卉。早期畫風工麗，後取法徐渭、朱耷、揚州八怪諸家，筆墨趨於放縱，揮筆潑墨，筆力雄健，灑脫自如，色彩濃豔，富有新意。他的花卉畫學石濤而有所變化，由於他書法功力深厚，線條把握精到，以這種富有金石氣的筆法勾勒，粗放厚重而妙趣橫生。潘天壽在《中國繪畫史》中評曰：「趙之謙以金石書畫

▲ 圖1-135　趙之謙
行書《官鄱陽縣時公文》

之趣作花卉，宏肆古麗，開前海派之先河。」可見趙之謙的花卉畫風對吳昌碩為代表的海派畫風有直接影響。

　　趙之謙篆刻初學浙派，後追皖派，參以秦詔版、漢鏡文、錢幣文、瓦當文、封泥等，一掃舊習，形成章法多變，意境蒼秀雄渾的獨特風貌。他在四十四歲以國史館謄錄議敘知縣分發江西時，決心要去做一位受百姓愛戴的好官。為此，他放棄了自己經營多年的篆刻藝術。在壬申春（44歲）為潘祖蔭刻「金石錄十

卷人家」印，又為胡澍刻下「人書俱老」印之後，南下江西赴任，從此就「誓不操刀」（張鳴珂《寒松閣談藝瑣錄》）。五十四歲時，為好友潘祖蔭刻「賜蘭堂」印，刻款中稱：「不刻印已十年，目昏手硬。」這是趙之謙赴江西之後所刻的唯一印章，也是他一生中最後一方印章。儘管趙之謙一生所刻不到四百方印作，但他已站到了清代篆刻的巔峰，影響著後來的吳昌碩、黃牧甫、齊白石等篆刻大師，直至現在這一百多年的整個篆刻史。**41**

李文田（1834-1895），字佘光、仲約，號若農、芍農，廣東順德均安上村人。咸豐九年（1859）進士，殿試獲一甲第三名探花，屢次上書極言朝政得失，歷任翰林院編修、侍讀，提督江西學政，官至禮部侍郎，入值南書房。一八七四年乞歸故里，在籍十年，主講廣州鳳山、應元書院。李文田藏書甚富，收藏有秦《泰山石刻》宋拓本及漢《華嶽廟碑斷本》宋拓本，故他把在廣州所築之樓名曰「泰華樓」。卒，諡文誠。《清史稿》卷四百四十一有傳。

李文田是清代著名的蒙古史研究專家和碑學名家，生平好學不倦，學問淵博，工書善畫，於經史、兵法、天文、地理，無一不曉。公務之餘，勤於治學，對元史及西北水地研究尤精。金石碑帖書籍版本之源流，皆得其要。著有《元秘史注》《元史地名考》《西遊錄注》《塞北路程考》《和林金石錄》《雙溪醉隱集箋》等。

---

**41** 鄒濤：《趙之謙年譜》，榮寶齋出版社 2003 年版。

　　李文田是嶺南一代書法名家，對碑帖源流有深入的鑽研。他少年時專攻歐陽詢，精熟於《九成宮》等碑帖，旁及其他唐碑，後來轉學隋碑《蘇孝慈墓誌》，中年以後，博采漢、魏碑刻。其書法，運碑入帖，筆力酣暢飽滿，意態雍容厚重，功力頗深。篆隸楷諸體皆能。其篆書，筆致溫厚蘊藉；隸書則以楷法及碑法書寫，挺拔有力，富於變化。而在篆隸楷諸體中，他最擅長的還是行楷。所作行楷，工穩平和筆劃圓實，渾厚華滋，肥而不胖，瘦而不削，沒有館閣體肥重之弊，也沒有絲毫纖弱之意，有的是魏晉隋唐以來的風流氣骨。

　　陳永正先生在《嶺南書法史》一書中對李文田的書法成就頗多讚譽，認為清中葉學者阮元雖然創有「北碑南帖」一說，但阮元所宣導的碑學在廣東並沒有多大的影響。而粵中帖學名家吳榮光晚年所書，也只有略參北碑筆法而已。直到李文田出，廣東的碑派才正式形成。李文田自創的這種碑派書法，對廣東書壇做出了很大貢獻，也應該在中國書學史上大書一筆。

　　李文田傳世作品較多，廣東省博物館藏有他寫的《楷書軸》《楷書八言聯》《行書七言聯》《隸書四屏》《書畫團扇》，廣州美術館藏有他畫於同治庚午年（1870）的《仿李營丘筆法團扇》《與蘇六朋合作風景人物扇面》《楷書軸》《楷書八言聯》《隸書六屏》，廣州博物館藏有他寫的《篆書八言聯》，佛山市博物館有他寫的《節錄張猛龍碑楷書軸》等六種書法。此外，東莞市、江門市博物館和香港中文大學文物館均藏有他的作品。李文田的書法代表作，如魏體楷書七言聯「飛流直下三千尺，錦瑟無端五十弦」（圖1-136），書於一八七八年，集李白、李商隱詩句成聯，

刊於日本《明清書道圖說》，用筆堅實均勻，結體方正緊密，受《張猛龍碑》影響較大。

**狄葆賢**（1872-？），字楚青，又字平子，齋名平等閣，江蘇溧陽人。幼隨父學耕，生長江西，後居滬。擅詩文、書、畫。家富收藏，精鑒別。曾與譚嗣同、唐才常交往，宣傳變法維新。戊戌政變後，逃亡日本。清光緒二十六年（1900）回國，參加唐才常組織的自立軍，事敗復走日本。一九〇四年前後返回上海，集資從事新聞業，創辦《時報》，任經理，宣傳保皇立憲。光緒三十四年（1908）任江蘇諮議局議員。宣統三年（1911）在北京發刊京津版《時報》，又辦《民報》，並任有正書局經理。影印各種書、畫、碑、帖，在傳播藝術方面貢獻頗大。曾藏元王蒙《青弁隱居圖》。偶作山水，書法源自晉人。後專研佛學。有《平等閣筆記》《平等閣詩話》《清代畫史補錄》等。

▲ 圖 1-136　李文田魏體楷書七言聯

江西文庫 A0701B10

# 贛文化通典（書畫卷） 中冊

| | | |
|---|---|---|
| 主　　編 | 鄭克強 | |
| 版權策畫 | 李　鋒 | |
| 責任編輯 | 楊家瑜 | |
| 發 行 人 | 陳滿銘 | |
| 總 經 理 | 梁錦興 | |
| 總 編 輯 | 陳滿銘 | |
| 副總編輯 | 張晏瑞 | |
| 編 輯 所 | 萬卷樓圖書股份有限公司 | |
| 排　　版 | 菩薩蠻數位文化有限公司 | |
| 印　　刷 | 維中科技有限公司 | |
| 封面設計 | 菩薩蠻數位文化有限公司 | |

出　　版　昌明文化有限公司

桃園市龜山區中原街 32 號

電話 (02)23216565

發　　行　萬卷樓圖書股份有限公司

臺北市羅斯福路二段 41 號 6 樓之 3

電話 (02)23216565

傳真 (02)23218698

電郵 SERVICE@WANJUAN.COM.TW

大陸經銷　廈門外圖臺灣書店有限公司

　電郵 JKB188@188.COM

ISBN 978-986-496-344-7

2018 年 1 月初版

定價：新臺幣 360 元

如何購買本書：

1. 轉帳購書，請透過以下帳戶

   合作金庫銀行　古亭分行

   戶名：萬卷樓圖書股份有限公司

   帳號：0877717092596

2. 網路購書，請透過萬卷樓網站

   網址 WWW.WANJUAN.COM.TW

大量購書，請直接聯繫我們，將有專人為您

服務。客服：(02)23216565 分機 610

如有缺頁、破損或裝訂錯誤，請寄回更換

版權所有·翻印必究

Copyright©2016 by WanJuanLou Books CO., Ltd.

All Right Reserved　　　　　Printed in Taiwan

國家圖書館出版品預行編目資料

贛文化通典. 書畫卷 / 鄭克強主編. -- 初版.
-- 桃園市：昌明文化出版；臺北市：萬卷
樓發行, 2018.01

　冊；　公分

ISBN 978-986-496-344-7 (中冊：平裝). --

1.書畫史 2.江西省

672.408　　　　　　　　　　107002005

本著作物經廈門墨客知識產權代理有限公司代理，由江西人民出版社授權萬卷樓圖書
股份有限公司出版、發行中文繁體字版版權。

本書為臺灣師範大學國文學系產學合作成果。　　　校對：林紅均